寻味长沙

杨欢 著

北京出版集团公司
北京出版社

图书在版编目（CIP）数据

寻味长沙 / 杨欢著. — 北京 : 北京出版社, 2019.10
ISBN 978-7-200-15090-2

Ⅰ. ①寻… Ⅱ. ①杨… Ⅲ. ①旅游指南—长沙②饮食—文化—长沙 Ⅳ. ①K928.964.1②TS971.202.641

中国版本图书馆CIP数据核字（2019）第163053号

寻味长沙
XUNWEI CHANGSHA
杨欢 著
*
北 京 出 版 集 团 公 司
北 京 出 版 社 出版
（北京北三环中路6号）
邮政编码：100120

网　　址：www.bph.com.cn
北 京 出 版 集 团 公 司 总 发 行
新 华 书 店 经 销
三河市嘉科万达彩色印刷有限公司印刷
*
880毫米×1230毫米 32开本 6印张 196千字
2019年10月第1版 2019年10月第1次印刷

ISBN 978-7-200-15090-2
定价：49.80元
如有印装质量问题，由本社负责调换
质量监督电话：010-58572393

作为我国八大菜系之一，湘菜拥有两千多年的悠久历史。鲜、香、热、辣，是地道的湘菜最鲜明的符号。翻一翻长沙马堆西汉古墓之中出土的竹简菜谱，在那些早已远逝的时光里，蒸、炸、烤、煎、腊、熬、脯、腌等十几种烹饪手法一应俱全，山珍河鲜、飞禽走兽等食材形形色色，再佐以各色调料，终成湘菜"辛、甘、咸、酸、苦"五味之调和。

  论湘菜之风味，尤其以食材之交融、色泽之和谐、滋味之渗透为重中之重。穿梭于长沙街头的大街小巷，无论高档宴席，还是市井小吃，多以荤素之融合、色泽之明艳、滋味之多变、层次之丰富而见长。五味之中，湘人尤其以酸辣口味为心头好。湖南地处丘陵地带，气候温和湿润，故而湘人多喜食辣椒，以祛湿提神。因此，酸泡菜很受湖南人追捧，佐以辣椒，所得之菜肴色艳味浓，开胃爽口，深受南来北往饕客之青睐，也就此形成了独具湖南特色的饮食文化。

  说起湘菜系的主要代表，当数湘江流域，以长沙、湘潭、衡阳为中心。比如长沙诸菜肴，食材之广泛、口味之多变、品种之繁多，无不让人应接不暇。剁椒鱼头、毛氏红烧肉、口味虾、臭豆腐、粉蒸肉、米粉更是众多饕客心中的梦想，毋庸我赘言。在长沙，不论男女老幼，均为嗜辣之人。且不论是平日里的一日三餐，还是五星级酒店里的高档宴席，或是三五至亲好友小酌一番，一顿饭里香辣口味的菜肴，少则一两道，多则三五道。无辣不成席，说的正是长沙人。

如今，以鲜香、酸辣、软嫩见长的湘菜已传入五湖四海，在南北因地制宜，融合当地风味，烹饪出不少让八方饕客流连忘返的好滋味。然则，想要系统地、集中地感受一番湘菜的滋味，不可不来湖南，也不可不来长沙。长沙，是湘菜的大本营，以舌尖感受最本真的长沙味道，以心怀触碰最本色的湘菜滋味。

人生在世，吃喝算得上是一件大事。在快节奏生活的当下，在高楼鳞次栉比的水泥森林里，谈及吃喝一事，总能让舌尖有片刻欢愉，让心灵有须臾慰藉。而照着文字去寻觅好味道，去品咂好滋味，不知不觉间连吃喝也多了一些风雅韵味。不如让脚步慢下来，让心灵静下来，穿梭于长沙大街小巷的饭馆之中，放松唇齿，让正宗的长沙好滋味流连于舌尖。

长沙美食浩如烟海，一本书难以道全。唯愿此书能成为一扇小小的窗子，悄然间为你打开一片美食新天地。在长沙品尝每一道菜肴，了解每一道菜肴背后的故事。

目录 CONTENTS

行前必知/08
必游景点 TOP10/10
人气美食 TOP10/12

糖油粑粑　长沙金牌小吃/30
栖凤渡鱼粉　补充一日正能量/33
发丝百叶　朝如青丝暮如雪/36
刮凉粉　酸辣清凉的夏日风味/38
牛肉粉　米粉界的土豪/40
酒爆仔叫鸡　三伏天里要吃鸡/42
一鸭四吃　鲜脆甜咸，百味杂陈/44
酸辣鱿鱼卷　酸酸辣辣就是我/47
湘味炒饭　最窝心的家常口味/50
香辣凤爪　冰火两重天/53
糯米粽子　清甜入我心/56

天心区
有一种暖直抵心房/59

冰糖湘莲　洞庭湖的柔情蜜意/60
甜酒冲蛋　日日花好月也圆/63
剁椒鱼头　湘水畔的一抹鲜活/65
湘味毛血旺　青出于蓝而胜于蓝/67
脑髓卷　入口即化，甜润如蜜/69
光头粉　幼时记忆里的味道/71

行住玩购样样通/15

行在长沙/16
住在长沙/17
玩在长沙/18
购在长沙/19

芙蓉区
咂舌间的传统味道/21

粉蒸肉　软糯咸香，肥而不腻/22
腊味合蒸　倾诉光阴的故事/25
酸辣鸡杂　鲜而不腥，入味三分/27

猪油拌粉　最是原汁原味 /73
白粒丸　最不缺的就是人气 /75
嗍螺　炎炎夏日的一把火 /78
原汤肉丝粉　清晨舌尖上的缱绻 /81
辣椒炒肉　越怀旧越经典 /84
姜辣蛇　真正的无辣不欢 /86
香辣酱板鸭　岁月里的下酒菜 /88
姊妹团子　甜咸两相宜 /90
臭豆腐　让人又爱又恨 /92
响铃腰花　清水出芙蓉 /95
长沙肠粉　甜咸之外别有天地 /97
湘辣火锅　烟火中的绽放 /99
坛子菜　不一样的酸爽 /102
长沙老烧卖　留住老味道 /104

香辣蟹　无懈可击的长沙老味道 /106

雨花区
流连忘返的舌尖诱惑 /109

寒菌面　胜似琼瑶玉露 /110
麻辣仔鸡　辣即是灵魂 /112
龙脂猪血　好一场热辣欢腾 /115
当家牛脚　妙不可言的湖湘味道 /117
向群锅饺　曾经奢侈的传统小吃 /120
冲浪海参汤　敢为天下鲜 /122
绉纱馄饨　秀色比贵妃 /124
三角干子　悠悠豆香飘 /127
红烧蹄花　老少咸宜巧为厨 /130
椒盐馓子　纤手搓成玉 /133

望城区
湘人念念不忘的家乡味 /163

手工糍粑　天然去雕琢/164
虎皮扣肉　肥而不腻的团圆菜/166
腊八豆　豆香里说丰年/168

岳麓区
街头巷尾的味蕾盛宴 /171

青椒炒鱼头　别样的情怀/172
德园包子　长沙街头的老味道/175
老长沙炸炸炸　走过路过不可错过/177
霸王鸭　刚猛的卤水传奇/180
过桥豆腐　"小桥映月"最迷人/182
萝卜干炒腊肉　岁月里的家常味道/184
三合汤　血性里的万丈豪情/186
湘宾春卷　一卷不成春/189

开福区
美食环绕中的欢歌笑语 /137

黄鸭叫炖豆腐　汤汤水水出真味/138
黄焖小黄鳝　焦香酥脆的"小盘龙"/140
葱油粑粑　唤醒沉睡的味蕾/143
汤圆　团团圆圆的"浮元子"/145
口味虾　"张牙舞爪"的诱惑/148
四方坪土鸡　柴火的极致演绎/151
酱汁肘子　嚼之有劲，品之愈香/153
东安仔鸡　酸辣鲜香的当家菜/156
毛氏红烧肉　色香味俱全/158
口蘑汤泡肚　白绿相间满口香/160

行前必知

【长沙印象】

长沙，古称潭州，别名星城，是湖南省省会，也是中南地区重要的工商业城市和交通枢纽。作为首批国家历史文化名城，历来有"屈贾之乡""楚汉名城"之美誉。因位于湖南省湘江下游，有"山水洲城"的美名；又因文化界历代闻名的岳麓书院，又有"潇湘洙泗"的美誉。

【地理】

长沙地处湖南省东部偏北，地形多样，山地、丘陵、岗地、平原大体各占1/4。湘江由南向北流经长沙全境，把长沙市区分为河东和河西两大部分。湘江西岸有岳麓山，江心有橘子洲，都是长沙著名的景观。

【气候】

长沙四季分明，降雨较多，属于亚热带季风气候。长沙的春秋两季较短，冬夏两季较长，冬季稍冷，夏季稍热，是江南"四大火炉"之一。

【历史】

夏朝时期，这里属三苗国，后被华夏族征服，成为扬越人的居住地。春秋后期，楚国南征，占领了今天的湖南省全境，楚人成为长沙地区的统治者，建造了长沙城，从此以后，长沙一带成为楚文化的重要代表。此后，历代王朝均以长沙作为重要城市。1664年，长沙为湖南省省会，延续至今。

【民族与宗教】

长沙是一个多民族杂居的城市，主要民族为汉族，其中人口较多的少数民族有土家族、苗族、回族，另外还有侗族、瑶族、壮族、满族、蒙古族等。

长沙的佛教、道教、天主教、基督教新教、伊斯兰教五大宗教俱全，有10处被列为省级以上重点宗教活动场所的宗教场地，其中麓山寺、开福寺、密印寺、石霜寺更是千年古刹，麓山寺和开福寺也位列汉族地区的全国重点佛教寺院。

【文化与艺术】

长沙是楚文明和湘楚文化的发源地，有众多历史古迹，也是中国的革命圣地。

长沙的主要流行剧种是湘剧和花鼓戏。近年来，长沙的文化媒体有极大的发展，长沙娱乐传媒逐渐成为中国乃至世界有影响力的媒体。中国影视界最重要的奖项之一——金鹰奖，长沙是其永久举办地。长沙的动漫文化也有很大影响力。

【美食偏好】

长沙的饮食很有特点，湘菜和本地小吃都十分流行。湘菜在长沙又称本味菜，历史悠久，原料丰富，烹调方法多样，味道鲜美。湘菜讲究油重色浓，香辣软嫩，擅长煨、炖、腊、蒸、炒诸法。因气候温热多雨，当地人喜食辣椒，起到御寒祛湿的功效。长沙的地方小吃，种类繁多。此外，长沙几乎家家户户都会根据季节时令，制作一些腌菜、干菜、泡菜、榨菜、腊菜等。

必游景点 TOP10

【橘子洲】

橘子洲被誉为"中国第一洲",古潇湘八景中的"江天暮雪",就是描绘橘子洲美景的。毛泽东的词句"独立寒秋,湘江北去,橘子洲头,看万山红遍,层林尽染"令橘子洲名闻天下。

【岳麓山】

岳麓山自古以来就是文人墨客的必游之地,古迹众多,有著名的麓山寺、岳麓书院、爱晚亭等。山中树木茂盛,古树名木随处可见,这里还生长着很多枫香树,每年叶子变红时,当地人都来这里赏红叶。

【岳麓书院】

岳麓书院是中国古代四大书院之一,世称"千年学府"。岳麓书院建于北宋开宝九年(976年),宋真宗赐名岳麓书院。书院保存至今的"岳麓书院"刻石,便是当年宋真宗的手迹。后历经各个朝代,书院多次遭战火洗劫后又进行重建。

【太平街】

太平街是长沙古城保留原有街巷格局最完整的一条街。自古代长沙建城始,太平街一直是人文荟萃、商业繁华的地方。街区为鱼骨状,街巷保留了清朝初年的风格,反映了清末民初的长沙风貌。

【天心阁】

天心阁是长沙的重要名胜,始建于明末,清代进行了扩建、整修。1938年,天心阁内建筑毁于大火。1949年后,长沙市政府开辟出天心公园,复修天心阁。

【湖南省博物馆】

湖南省博物馆是湖南省最大的历史艺术博物馆,也是首批国家一级博物馆。馆藏文物18万余件,其中包括马王堆汉墓出土文物。馆内还有众多湖南出土的青铜器、湖南考古十大新发现等。

【马王堆汉墓】

马王堆汉墓为西汉时期长沙国丞相利苍及其家属的墓葬。1971年12月,湖南省博物馆开始对该墓葬的一号墓进行发掘,随后对二号墓和三号墓进行发掘。这次发掘成果是世界上重要的考古发现。

【花明楼景区】

花明楼景区主要包括刘少奇故居、刘少奇纪念馆、铜像广场等。铜像广场巍然矗立着刘少奇的铜像,加底座高7.1米。刘少奇故居是全国重点文物保护单位,陈列着他使用过的生活用品。纪念馆介绍了刘少奇生平业绩,反映了刘少奇同志的生平事迹和重要贡献。

【贾谊故居】

贾谊故居有贾太傅祠,供奉贾谊铜像;太傅殿,介绍贾谊生平;另有寻秋草堂、碑廊等,尤其是各种碑文,记载了历代名人的咏贾诗及明清重修故居的内容。

【湖南森林植物园】

湖南森林植物园内有数十个植物专类园,有植物活化石银杉、珙桐、桫椤以及南方红豆杉等珍稀濒危树种。还有模拟自然生态环境建成的百鸟园,可以近距离观察野生鸟类的生活习性。园内还会不定期举办花展。

人气美食 TOP10

【长沙臭豆腐】

臭豆腐是一种风味独特的汉族传统小吃，长沙的臭豆腐以油炸为主，当地人又称其为臭干子。这种臭干子色泽墨黑，外焦里嫩，鲜美而香辣。

【糖油粑粑】

糖油粑粑是长沙一道传统地方名吃。旧时，糖油粑粑的主要原料是糯米粉和糖，其制作工艺极尽精细考究，深受长沙当地人青睐。现在糖油粑粑的基本原料没有什么变化，有人做糖汁不只用白糖，还会加入红糖、蜂蜜调味，使其味道更丰富。

【剁椒鱼头】

剁椒鱼头是一道以香辣为特色的湖南菜，采用蒸制的方法，使鱼头的鲜香尽可能保留在鱼肉之中，剁椒的味道恰到好处地渗入鱼肉当中。鱼头肉肥而不腻，咸鲜微辣。

【牛肉粉】

牛肉粉是长沙家喻户晓的一道美味，以其爽辣筋道、香浓不油而深受人们喜爱。米粉用纯米制作而成，码子需先用特制的香料将牛肉腌制数小时，再用文火慢慢熬制，然后添加菜籽油和辣酱与牛肉一起爆炒。

【向群锅饺】

向群锅饺是长沙人耳熟能详的老字号，锅饺外焦里嫩，黄灿灿的外皮非常酥脆，尤其是有点焦黄的边缘，味道更香脆。锅饺里的肉馅咸淡适宜，肥而不腻。

【葱油粑粑】

葱油粑粑是一种米食类的传统小吃，经油炸而成，吃起来酥脆中带着绵软，还夹带着葱花特有的香味，物美价廉，色香味俱全，深受长沙人喜爱。

【双燕馄饨】

双燕楼是百年老字号，双燕馄饨几乎是每个老长沙人儿时的美好回忆。薄薄的面皮包着馅，煮熟以后连着汤汤水水一起食用，美味无比。

【毛氏红烧肉】

毛氏红烧肉是一道色香味俱全的汉族传统名肴，选用半肥半瘦的五花肉，与冰糖、八角和桂皮等作料一起煨制而成。成品金黄油亮，肉香味浓，肥而不腻。浓郁的肉汁可以浇在米饭上，拌饭食用。

【龙脂猪血】

龙脂猪血是长沙传统小吃，又称麻油猪血，非常美味。它的做法很简单，猪杀了以后，新鲜猪血用温热盐水凝固成块状，下锅煮熟，盛入碗中，趁热撒上佐料即可。

【姜辣蛇】

姜辣蛇属于典型的湘菜，选用肉质细嫩的本地蛇做原料，把选好的蛇去皮切断，配以干红辣椒、大料、香叶、番茄酱、青红尖椒和葱姜等，先大火煨炒，然后文火慢慢熬煮入味。辣味渗透到鲜嫩的蛇肉之中，那热辣欢腾的感觉，令人欲罢不能。

行住玩购样样通 >>>>>

行在长沙

如何到达

飞机

长沙黄花国际机场位于长沙市长沙县黄花镇，距离长沙城区约10千米，机场到市区有多条机场大巴和公交线路，交通十分便利。

火车

长沙有长沙站、长沙南站、长沙西站3个火车站。

长沙站位于长沙市芙蓉区车站中路。长沙南站位于长沙市雨花区黎托乡花侯路。长沙西站位于长沙市望城区黄金园街道与金山桥街道交界处，未来规划是集高铁、城铁、地铁、有轨电车、磁悬浮、城市公交六位一体的国家级综合交通枢纽。

汽车

长沙汽车客运站主要有汽车西站、汽车东站、汽车北站、汽车南站等。

市内交通

公交

长沙的公交非常便捷，早上6:00至晚上10:00在任何一个主要路段都可以坐到公交车。长沙部分路段有旅游公交、园区巴士、假日公交等特色公交线路。

出租车

长沙交通发达，出租车众多，在路边招手即停。

地铁

长沙轨道交通运营的线路有地铁1号线、地铁2号线、磁浮快线。2号线连接长沙汽车西站、长沙火车站、长沙南站三大客运枢纽；1号线北起开福区政府站，沿黄兴路、芙蓉路到达最南段的尚双塘高架站。磁浮快线连接长沙南站和长沙黄花国际机场。

水运

20世纪80年代以前，轮渡是长沙最重要的过江交通方式，随着橘子洲大桥的竣工通车，长沙轮渡逐渐失去了过江作用，仅留下游览功能。目前长沙的水上航线都是游船线路，湘江游船可在橘子洲码头上船。日游是16:00登船，夜游是20:00登船。

住在长沙

长沙华晨豪生大酒店

地址　长沙市雨花区万家丽中路二段8号
电话　0731-88029999
价格　424元起

长沙华晨豪生大酒店位于长沙武广商圈、火车站商圈、高桥商圈中心地带，地理位置优越，前往圭塘河公园、沙湾公园等生态景观信步可达。酒店拥有400余间客房及套房，房内宽敞的起居空间与卧室相互独立，全景落地窗，配备高雅家具，有多款不同风格的房型可选。

桔子酒店·精选（芙蓉中路店）

地址　长沙市芙蓉区芙蓉中路388号
电话　0731-82738988
价格　299元起

酒店地处五一大道商业中心，紧靠长沙火车站、酒吧街，周边有地铁及多条公交路线，交通十分便利。酒店很有特色，尤其是客房的隔音系统效果非常好。

通程国际大酒店

地址　长沙市芙蓉区韶山北路159号
电话　0731-84168888
价格　428元起

酒店位于长沙市政治、金融、商业中心，前往机场和火车站都非常便捷。酒店内部装饰美轮美奂，还配备有恒温泳池、意大利全套健身器械等。

长沙华雅国际大酒店

地址　长沙市万家丽中路二段81号
电话　0731-85322222
价格　525元起

长沙华雅国际大酒店位于机场高速附近，交通便利，不论是去火车站还是机场都很便捷。酒店环境优雅，空气清新，令人犹如置身大自然中。客房设计独特，空间布局合理，彰显尊贵大气。酒店内还有专门的健身场所和一个很大的高尔夫球场。

玩在长沙

橘子洲

地址　长沙市岳麓区
电话　0731-88882152
门票　免费

橘子洲，是长沙市湘江中的一个狭长的沙洲，是长沙最著名的景区之一。毛泽东曾多次到洲头游泳，并作词《沁园春·长沙》纪念。现橘洲公园建成后，有毛泽东的"橘子洲头"的题字和展示《沁园春·长沙》的石碑、亭榭、成片的橘林，并矗立有毛泽东青年艺术雕塑。橘子洲在重大节日会燃放烟花，每年还会举办"橘子洲国际音乐节"。

马王堆汉墓陈列

地址　长沙市开福区东风路50号湖南省博物馆内
电话　0731-84475933
门票　2元

马王堆汉墓共有3座，20世纪70年代由湖南省博物馆主持发掘，是世界上重要的考古发现，为西汉时期长沙国丞相利苍及其家属的墓葬。墓葬中出土丝织品、帛书、帛画、中草药等遗物3000余件，尤其是保存完好的女尸和方剂书籍帛书《五十二病方》，震惊世界。展厅用大量的图片与文字介绍了马王堆汉墓的发掘经过和墓中的情况，并通过大量出土的古代生活器具介绍了西汉贵族的生活。

岳麓书院

地址　长沙市岳麓区河西岳麓山
电话　0731-88823764
门票　50元

岳麓书院是中国历史上著名的四大书院之一，作为世界上最古老的学府之一，其古代传统风范的书院建筑至今保存完整。

岳麓书院建于北宋开宝九年（976年），历经南宋、元、明、清各代，至清光绪二十九年（1903年），与湖南大学堂合并改为湖南高等学堂。1926年，湖南高等学堂正式定名为湖南大学，在书院基址上扩建至今。

购在在长沙

湘绣

店名　沙坪湘绣文化广场
地址　长沙市开福区 037 县道与顺天大道交会处
电话　0731-86783333
价格　50~10000元

湘绣是中国四大名绣之一，强调用色的阴阳浓淡、针法多变、劈线细致，着色富于层次、绣品若画，常见的绣品有荷包、椅垫、桌围、枕套、手帕、裙饰、腰带等，在国际市场享有盛誉，先后参加过日本、巴拿马、美国等地举办的国际博览会，多次获奖。1995年，首批百家中国特产之乡评选，授予长沙县沙坪乡（今湖南省长沙市开福区捞刀河镇沙坪社区）"中国湘绣之乡"的美誉。沙坪湘绣文化广场就位于这里，其中汇集了多家湘绣企业，品种繁多。

铜官陶瓷

店名　长沙市望城区铜官泥人刘艺术陶瓷厂
地址　长沙市望城区铜官镇誓港社区425号
电话　13975108297
价格　200~800元

长沙铜官陶瓷是湖南省的传统手工技艺，也是国家级非物质文化遗产之一。铜官陶瓷历史悠久，独具特色，在殷商之前，湘江一带就有陶瓷制品，至唐代技艺逐渐成熟，融入大量西域文化元素，并远销海内外。

灯芯糕

地址　各大超市或者市场

灯芯糕是湖南地区的传统糕类特产，它以糯米粉、白糖、肉桂、猪油、红丝等为原料制作而成，味道酸甜，清凉芳香，形似灯芯，弯转成圈而不断，而且可以用火点燃，散发纯净的玉桂香味。

芙蓉区
咂舌间的传统味道 >>>>>

长沙在变,味道也在变。但这座千年古城的老滋味却藏在大大小小的老字号之中,历久弥新。流连于芙蓉区,在长沙众多鲜香热辣的美味之中,品咂最传统的老味道。

江南公社（迎宾路店）

地址　芙蓉区迎宾路36号桐荫里小区裙楼101号

电话　0731-89717048

粉蒸肉
软糯咸香，肥而不腻

清代，袁枚在《随园食单》中就已提及粉蒸肉。袁枚称，粉蒸肉"用精肥参半之肉，炒米粉黄色，拌面酱蒸之，下用白菜作垫。熟时不但味美，菜亦美，以不见水，故味独全"。粉蒸肉作为中国南方的传统名菜之一，广泛流传于中国的重庆、四川、江西、浙江、湖北、湖南、福建和广东等地。这道荤香四溢的佳肴主要以五花肉加上米粉和其他作料一同烹饪而成。作为一个土生土长的湖南人，记忆里最温暖的回忆就是回到家中，从厨房里飘来的那一阵阵浓郁的粉蒸肉的香味儿。

粉蒸肉软糯清香，香酥爽口，肥瘦相间，嫩而不糜，肥而不腻，米粉油润爽滑，伴随着浓郁的五香味。根据烹饪方法的不同，可以偏辣，也可以偏甜，还可以搭配香菇、莲藕、红薯、南瓜等蔬菜。

民国时期，在湖南的乡野之间，粉蒸肉是一道专门为了庆祝春季里最热闹的时节——谷雨插秧时所必备的时令菜。春天里，一片新绿的荷叶不过巴掌大，采摘下来，一次只能裹住一块二两多重的粉蒸肉，闻着软糯喷香，垂涎欲滴。依照民国时期长沙的民俗，每一位勤劳能干的插秧师傅一天里都可以享受"三餐五酒"的优厚待遇。除了食用油汪汪的咸鸭蛋之外，在吃正餐时，每个人每次至少能享用四片粉蒸肉，加起来差不多半斤。水田里的师傅们吃着香喷喷的粉蒸肉，吃得嘴角流油，在田野之间插秧的劲头儿也铆得更足了。

现如今，这种传统仍旧延续着。在长沙，每年立夏，吃粉蒸肉是一项尤为重要的传统习俗，人们称之为"撑夏"。立夏那日，到了傍晚时分，穿行于故里窄窄的街道，家家户户的窗口都飘散出浓郁的粉蒸肉味儿。既有肉的浓香，又有蔬菜的清香，让归家的路人不知不觉也加快了脚步，急着回家大快朵颐。

外地的好友来长沙游玩，免不了要和我一起寻一处品尝粉蒸肉的好去处。长沙可以吃粉蒸肉的馆子多得是，但在芙蓉区，比较受当地人认可的店是位于迎宾路上的江南公社。这家店坐落于闹市之中，装潢风格清新简约，菜品色泽格外鲜艳诱人。

下午五点半，和友人一同来到店中，正值饭点，店中一大半的座位已经坐满了。我们当时点了店里的招牌菜粉蒸肉、腊味煲仔饭，以及一盘清脆爽口的冰草。我是这家店的常客，而友人却是第一次来。我告诉她，这里到了晚上六点以后，几乎日日爆满，既有三不五时来解馋的回头客，也有不少慕名前来的外地游客。

点完餐，我们一边喝着热茶，一边聊着天，不到十分钟，作为主打菜的粉蒸肉就端上桌了。我一看，分量可真不少啊。碗里的粉蒸肉散发着浓郁的香味，一粒粒米粉在油水的浸泡下晶莹剔透。粉蒸肉的下面还别有洞天，一片片切得薄薄的南瓜码得整整齐齐。

我夹起一块粉蒸肉放在自己的小盘子里，鼻子凑上去闻了闻，这片肥瘦得当的粉蒸肉不仅保留了猪肉最原汁原味的肉香，还泛着米粉浓郁而软糯的香味。此外，在余味里还有一丝丝若有若无的南瓜的清香。放入嘴中，细细咀嚼，只觉得粉蒸肉又糯又软，米粉香酥可口，这种饱满而清新的味道让味蕾十分享受。吃罢粉蒸肉，我连忙又夹起一片南瓜。在蒸制的过程中，南瓜已经完全吸收了肉汁的鲜美，在清甜之中还饱含着肉香的浓郁，较之一般的南瓜，味道更为诱人。

也许，比起人脑，味蕾对于食物的记忆更加悠长。作为一个在北国漂泊多年的游子，那一口软糯的粉蒸肉在口中慢慢融化时，早已远去的童年时光又如浮光掠影一般，在我眼前匆匆闪过。岁月匆匆，希望在日后的年年岁岁中，能时不时地回首一番故土的滋味。

火宫殿（五一东路店）

地址　芙蓉区五一东路93号（铁路文化宫旁）

电话　0731-84120580

腊味合蒸
倾诉光阴的故事

　　腊味合蒸是湖南汉族的一道传统名菜，是湖南人在婚丧嫁娶、逢年过节时一道少不了的菜肴。这道菜历史悠久，湘人食用这道菜已有逾百年的历史。湖南地区地势较低，气候温暖潮湿，新鲜的肉类很难保存，但是将鲜肉烟熏之后制成的腊肉却能保存很久。于是，百姓就逐渐养成了喜食腊肉的饮食习惯。早在汉朝时，湖南先民就开始烹饪腊肉，作为饭桌上的一道佳肴。到了清朝年间，腊味合蒸已名声在外，是众多腊味菜肴中人气最旺的一道菜。到了冬日，家家户户的腊味都已经熏制好了，免不了要做一道腊味合蒸，来一解对腊味的相思之苦。

　　相传，腊味合蒸之所以成名，与一位乞丐息息相关。从前，在湖南的一个小镇里有一家饭馆，为了躲避财主逼债，这家饭馆的主人刘七不得不流落他乡，过着以乞讨为生的日子。一天，他来到省城长沙，当时已近年关，人家就将家中熏制好的鱼肉、猪肉或鸡肉分给他一点儿。刘七眼见天色已晚，早就饥肠辘辘了，于是将腊肉、腊鱼和腊鸡略微洗净一下，放入少许作料，一起装入钵中,蹲在一个大户人家的屋檐下,生起柴火蒸了起来。

此时,大户人家正在宴客,席上宾朋满座。酒过三巡,菜已上全,忽而闻到阵阵浓香,引人食欲。主人连忙问家仆,还有何等佳肴,赶紧端上桌来。家仆心想,菜肴早已上齐,怎会遗漏呢?但他还是跑到厨房里,真的闻到一股腊香味儿从窗外飘来。他打开后门查看,只见一个乞丐蹲在地上,正准备享用一顿美食。家仆二话不说,上前端起钵子就走。刘七哪里肯干,紧随而来。客人们眼见热气腾腾的腊味,纷纷伸出筷子,夹入口中,连连称赞。其中有一位客人是长沙当地出名的富豪,在城里开了一家大酒楼,于是让刘七去自己酒楼里掌勺,挂出了"腊味合蒸"的菜牌。果不其然,四方食客纷纷前来尝鲜。从此,腊味合蒸就作为湘菜名吃流传了下来。

长沙各家的腊味合蒸都各有风味,因此,无论选择哪一家都能品尝一番美味。不过,想要尝一尝老字号的腊味合蒸,可以去火宫殿吃地道的腊味。而这次我们选择的是坐落在五一东路的这家火宫殿,这也是众多分店中人气最旺的一家。

到那里时,正值饭点,大厅里各方食客络绎不绝,环境热闹而嘈杂。但即便如此,饭店门口也已排起了长龙。排了近半个小时,终于轮到我们了。火宫殿美食的一大特色是,几乎所有的小食都盛在小碗、小钵或者小碟中,放在小推车上,由堂倌推着四处走动。食客看上了小车上的哪一道菜肴,就可以让堂倌停下,取来大快朵颐一番。

这家的腊味合蒸,腊肉、腊鱼和腊鸡切得薄薄的,下面还有一层晶亮亮的油汤。夹起一块腊肉,放入口中,腊香浓郁,咸甜适口,口感柔韧,肥而不腻。吃罢这一小碟,我们觉得不过瘾,又吃了一碟。

在旧时,物资匮乏,经过腌制的腊味是湘人便于储存的美味。而今,这风味独特的腊味合蒸则成了湘人对于旧日时光最美好的回忆。岁月悠长,但那美好的味道却一点儿也没有变。

德天顺盖码饭
（人民西路店）

地址　芙蓉区人民西路171号（近星期五摄影）

电话　15207488802

芙蓉区

咂舌间的传统味道

酸辣鸡杂

鲜而不腥，入味三分

湖南地势较低，入冬以后，时常阴雨连绵，为了祛湿祛寒，湘人养成了爱吃辣的习惯。湘人不仅爱吃辣，还尤其偏爱酸辣口味，作为一道家常小炒的酸辣鸡杂也因此颇受湖南人青睐。酸辣鸡杂用鸡胗、鸡肝、鸡肠和鸡血等食材与剁椒一同爆炒而成，口味酸辣可口，是一道让人百吃不厌的开胃菜。

小时候，有一阵子街头快餐店里的小炒格外流行。什么小炒牛肉、青椒炒肉、剁椒炒蛋，只见炒菜的师傅手起刀落，不过三五分钟，就能将一盘经急火爆炒的小炒端到饥肠辘辘的食客面前。小炒分量也足，一般够两三个人吃了。父母工作忙的时候，这种街头随处可见的快餐店就成了我们那些中小学生最好的觅食去处。而快餐店里众多的小炒中，最让我垂涎的就是这道酸辣鸡杂。褐色的鸡杂上面点缀着红彤彤的剁辣椒，光是这色彩搭配就让人食欲顿生。这道菜的妙处不仅在于色，更在于味，鸡杂切得碎碎的，入口以后，很有嚼劲，脆生生的。剁椒的酸辣味完美地渗入鸡杂之中，酸酸辣辣

的，还有一丝丝沁人心脾的甜味。学生时代，约上两个好友，找一处干净整洁的快餐店，点上一盘酸辣鸡杂，再加上两个时蔬小炒，荤素搭配，就是打了一顿让人大呼过瘾的牙祭了。最妙的地方在于，将盘子里的鸡杂都吃完了，再将混合着鸡杂和剁椒的汤汁淋在米饭上，搅拌一下，酸酸辣辣的汤汁浸泡着颗颗分明的米饭，又是一道美味。这道酸辣可口的小炒总是能让人食欲大开，不知不觉间，我这个平时食量偏少的人也已经两大碗米饭下肚了。

学生时代，我在家中也总爱缠着妈妈给我做这道下饭的开胃菜。平日里，妈妈用老母鸡熬汤时，一般就不将鸡杂部分放入瓦罐中了，而是装在食品袋里，冷冻保存。每次存上一点，等喝完三五只老母鸡的浓汤之后，就有了不少鸡杂了。这时候，就细细地将鸡杂切碎，放入锅中，与泡仔姜、泡野山椒、泡豇豆以及剁椒等一起爆炒。吃完以后，酸辣鸡杂剩下的汤底也千万不要浪费。到了第二天早晨，可以再下点面条或是米粉，舀上一勺红彤彤、油汪汪的汤底，浇在上面，酸辣诱人，沉睡了一个晚上的味蕾也彻底清醒了。

时光荏苒，转眼间，十来年的时光飞逝而过。而今，人们的生活节奏快了，快餐店成了长沙街头巷尾的一道风景线。每到饭点，这些沿街开着的小饭馆里就人头攒动，小小的店铺里那三五张桌子前总是坐满了前来觅食的食客。正午时分，走在人民西路上，闻着街边饭馆里飘来的饭香味儿，我忽然又怀念起了儿时那道可以下两碗饭的酸辣鸡杂。拐过街角，正好看见了这家德天顺盖码饭。友人知道我喜欢吃酸辣鸡杂，早就向我推荐过这家不起眼的快餐店。

步入店内，几张木桌子摆放得整整齐齐，几乎每张桌前都坐着客人，他们多是在附近工作，而来德天顺解决每天的午餐也俨然成了习惯。这家馆子的规模虽然不算大，但菜品却很丰富，随手翻了翻菜单，除了酸辣鸡杂之外，还有青椒仔鸡、酱腊牛肉、酸菜豆腐脑汤、芹菜腊肠……各种家常小炒，一应俱全。

我还是点了酸辣鸡杂的盖码饭。后厨与饭店之间隔着玻璃窗，因此，坐在饭桌前就能看清楚师傅的一举一动。鸡杂早就已经洗净、切碎，准备齐全，只见师傅将火烧到最旺，将鸡杂和剁椒都倒入锅中，在急火中快速地颠着锅，迅速翻炒几下，三五分钟，一盘香喷喷的酸辣鸡杂盖码饭已摆在我面前。我赶紧拿起筷子，往嘴里送了一口，清脆酸辣，生津开胃，与童年熟悉的味道分毫不差。我埋头大口大口吃着，不过片刻，面前的一盘盖码饭已经一扫而光。

长沙大大小小的快餐店里总是少不了酸辣鸡杂这道小炒，虽然味道各有千秋，但都不曾失去那一份酸辣爽口。而这红红火火、酸酸辣辣，体现的也正是湘人热情而泼辣的秉性。走在长沙街头，随意地拐进一家路边的饭馆，点一份酸辣鸡杂，酸辣诱人的口感就是给味蕾最好的慰藉。

寻味长沙

刘记心太软糖油粑粑（李公庙店）

地址　芙蓉区黄兴中路144号乐和城对面

电话　无

糖油粑粑

长沙金牌小吃

　　说起糖油粑粑，老长沙人就要忍不住流口水了。糖油粑粑是长沙一道传统地方名吃。旧时，糖油粑粑的主要原料是糯米粉和糖，因为价格便宜，成了深受长沙当地老百姓青睐的一道饭余小点，但这道小点便宜却不粗糙，其制作工艺极尽精细考究。虽然糖油粑粑难登大雅之堂，更不能与熊掌鱼翅、山珍海味相提并论，但因为低廉的价格，它才得以进入平常百姓家，受到民众的追捧，最终成为民间百吃不厌的名吃。

　　如今，在长沙，无论男女老少，且不论身份地位，凡是那些热爱生活并懂得享受各色美食的人，都有过吃糖油粑粑的奇妙感受，都对那三五毛钱一个的糖油粑粑心怀着一份特殊的情愫。早上，三个糖油粑粑下肚，就可以一天都精神饱满、体力充沛；下午，三个糖油粑粑打打牙祭，既提了神，又饱了肚，精力也格外旺盛。在长沙人眼里，糖油粑粑的味道是如此奇妙。

　　认识一位友人，他家在北方的省会城市，十几年前来长沙游玩，无意当中在街头吃了糖油粑粑。这柔柔糯糯的小点心让他眼前一亮，也因此一下子爱上了长沙这座城市。当时，这位友人正在念高中，等到高考完，他毫不犹豫地填报了长沙的学校，为的只是能三不五时地吃上最正宗的糖油粑粑。这种甜甜糯糯的小点心的魅力也由此可见一斑。

新鲜出炉的糖油粑粑金黄脆嫩，甜而不浓，油而不腻，软软的、糯糯的，色香诱人，让人食欲大增，想要一口气将这些圆乎乎的小点心全吞下肚去。但糖油粑粑刚出锅时，热气腾腾，一不小心就会烫着舌头，或是烫伤嘴。因此，吃糖油粑粑最讲究慢条斯理，千万不要狼吞虎咽，要慢慢地吃，一点点品尝。

在老长沙人心里，长沙最正宗的糖油粑粑当数南门口那家，那里有一位专门卖糖油粑粑的阿婆。阿婆一生靠着卖糖油粑粑过活，她做的糖油粑粑一个个油亮亮、圆溜溜，软而不黏，黄而不焦，香浓中带着清甜，这股香甜融化在舌尖，沁人心脾。当年，她的糖油粑粑生意一直很火爆，吃糖油粑粑的人总是排着长长的队。现在她上了岁数，由她的女儿继续这门手艺。生意依旧很火爆。

为何阿婆做的糖油粑粑会这么好吃呢？原因在于，她采用的都是最好的糯米粉、蔗糖和食油。料用的都是好料，同时，加工过程也有窍门，放多少糖，烧多长时间，炸多长时间，阿婆都用心估量，把握得恰到好处。不少长沙人都是吃着阿婆做的糖油粑粑长大的，说起阿婆的糖油粑粑，现在还会口舌生津。

如今，长沙的大街小巷也还有不少卖糖油粑粑的小铺子，这道小吃历经时光的洗礼，仍然在撩动着人们的味蕾。那日和友人小聚，到了下午三点多，俩人都有些饿意，于是想起了小时候经常吃的糖油粑粑。跟着友人，绕过一条街，拐过路口，就来到了这家开在黄兴中路乐和城对面的小铺子。炸糖油粑粑的锅就放在店铺门口，油烧得滚烫，里面一个个金灿灿的糖油粑粑已经圆滚滚的了。只见店主将已调好的糖水倒入锅中，糖水与油迅速地融合在一起，不停地冒着泡泡。店主拿着长勺，不停地搅拌，让每个粑粑都能均匀地沾到糖汁。粑粑渐渐变软，着上了色，油光发亮。看着火候差不多了，店主便起锅成盘，一个个圆乎乎的糖油粑粑让人胃口大开。

这家铺子的糖油粑粑个头儿大，用料也足，五元钱一份，一份五个。我和友人一人要了一份，趁着热乎劲儿，小心翼翼地将它送到嘴边，轻轻咬开一口，热腾腾、脆甜甜的外皮之下是软糯清香的内里。

　　一边吃着香甜可口的糖油粑粑，一边望着川流不息的马路，我忽然有点明白那位来自北方的友人为何如此热切地定居在长沙了。也许为的是这冒着腾腾热气的糖油粑粑，也许更是为了孕育这一道道美食的红红火火的湘土人情吧。

栖凤渡鱼粉私房菜

地址 芙蓉区万家丽北路新合七区A1栋底商

电话 18711121897

栖凤渡鱼粉

补充一日正能量

说起这栖凤渡鱼粉,它的发源地在湖南郴州一个名为栖凤渡的古镇。俗话说得好:"走千里路,万里路,舍不得栖凤渡。"这句古话流传了千百年,不仅是说栖凤渡是一个山清水秀的好地方,更是夸赞那里别具一格的传统小吃栖凤渡鱼粉。

说起栖凤渡鱼粉,就不得不提三国名士庞统。最初,庞统不受刘备重用,只谋得耒阳县令这一小职。一日,他投宿于栖凤渡小镇,心事重重,一夜间辗转难眠。次日醒过来,已是晌午时分,顿觉饥肠辘辘,而店家的吃食早已卖光了。恰巧,一名渔翁打鱼回来,经过此地。于是,店家买了一条鲢鱼,杀了熬成鱼汤,加入当地的朝天红辣椒,再配以茶油等作料,用家里逢年过节备用的干切粉做成了一碗鲜香四溢的鱼粉。庞统一顿狼吞虎咽,吃后大汗淋漓,胃口大开,顿时觉得精神百倍。他不由大声称赞道:"此乡野之味,亦可登大雅之堂!快哉!快哉!"回到耒阳,他励精图治,最终成就了一番事业。庞统号凤雏,后人为了纪念他,就将他昔日投宿的古渡称为"栖凤渡",而那一碗鲜香可口的鱼粉则被称为"栖凤渡鱼粉"。

到了20世纪80年代,许多栖凤渡人外出出售鱼粉,其中不少人来到了长沙。长沙的栖凤渡鱼粉不仅保留了鱼粉原来鲜香、爽辣的风味,还完美地融入了长沙的地方特色,让长沙当地人也能大快朵颐。

我去的是位于万家丽北路上的这家栖凤渡鱼粉私房菜,这家店干净整洁,宽敞明亮。尚未步入店内,就已经闻到了熬煮多时的鱼汤飘来的阵阵香味儿。

别看这只是小小的一碗鱼粉,但制作工序却很繁杂。烹饪鱼粉,首先要从稻子里挑选优质大米,做出来的粉力求筋道而不粘牙,清爽透明,富有弹性。先将米泡好,放入石磨中,研磨成米浆,再将米浆盛入盘中,加旺火蒸熟,米皮蒸好后,将其挂在竹竿上晾干,最后切成条状,制成米粉。这种米粉既可以立即食用,也可以日后再吃。经传统工艺制作而成的米粉有着绝佳的风味和独特的口感,尤为重要的是,没有添加任何防腐剂,绝对是纯天然的食品。唯有这种高品质的米粉,才能与鲜美的鱼汤完美融合,将鱼粉的风味完美地呈现。

说起这碗鱼粉,其中粉的质量固然重要,但汤头的味道才是重中之重。鱼汤必须经文火熬制数小时,这时,鱼汤气味清香,味道鲜美。在店中吃栖凤渡鱼粉,每一碗粉中都会加入两三块煮好的鱼肉段。鱼肉的火候把握得恰到好处,口感软嫩细腻,应该并不是一直和鱼汤一起在锅中熬煮着的。要说这家改良版的栖凤渡鱼粉有什么秘诀,那倒未必。郴州最地道的栖凤渡鱼粉一般会放入一种名为"豆油"的作料,说是豆油,也许称之为豆酱更为合适,因为质地很厚重黏稠。虽然这种豆油的外观与北方的甜面酱类似,但味道相去甚远,闻起来有股臭臭的味道,与广东豆豉的感觉类似。在栖凤渡,豆油颇为盛行,就像北方人在做饭时都喜欢放入酱油一样,这里的人做饭一般都喜欢放入豆油来调味。

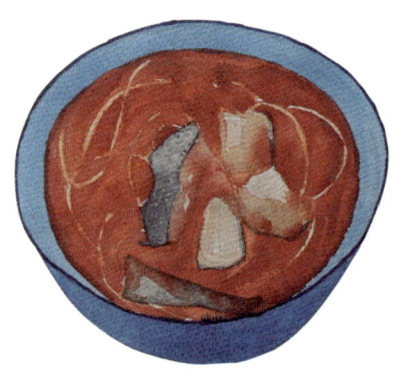

鱼粉走出了栖凤渡,来到了长沙,面对八方食客,也在原来的风

味上进行了改良。这家店里的鱼粉味道尤为神奇，鱼粉里明明放入了豆油，却丝毫吃不出来那股臭臭的味道。雪白的米粉软软地躺在红亮亮的汤汁里，红白相配，煞是好看。豆油与鱼汤、剁椒、辣油、葱花等作料混合在一起，成就了一股奇妙的香味。口味重的人可以再配上一点泡酸豆角，不论吃粉还是喝汤，那咸鲜香辣的味儿都让你停不下来。

玉楼东（五一路店）

地址 芙蓉区五一大道125号（近曙光路口）

电话 0731-82777988

发丝百叶
朝如青丝暮如雪

　　发丝百叶是长沙的一道传统菜肴，将牛百叶切成细丝，以急火爆炒而成。最初，这道菜是长沙市知名的清真菜馆李合盛的一道名菜，而这家菜馆也是以擅长烹饪牛肉菜肴而著称的。

　　李合盛创建于清朝光绪十一年（1885年），是长沙市颇有名气的一家清真餐馆，由来自益阳桃江的回民李国安经营，尔后代代相传。到了民国初年，当时的店主李德生将馆子开设在三兴街，开始卖生牛肉，不久后又卖起了炖牛肉、牛杂汤锅，还兼营大饼、油条等各色早点，后来又增设了炒菜，早中晚都营业。馆子生意逐渐兴隆，又增加了菜品和钵仔饭，其中以李国安亲手创制的发丝百叶、红煨牛蹄筋、烩牛脑髓最为出名，独特的风味吸引了南来北往的食客。这三道菜被人们称为"牛中三杰"。

　　在"牛中三杰"里，最受大家欢迎的要数发丝百叶。雪白的牛百叶洗净之后，被切成发丝一般的丝丝缕缕，再加入同样洁白如玉的玉兰片，佐以上等白酒和剁椒，在锅中用急火爆炒，片刻就可盛盘。一盘热乎乎的发丝百叶色泽诱人、品相出众,混合着剁椒香辣味的荤香让人胃口大开。因为这道发丝百叶烹饪考究、风味独特,所以李合盛的往来食客中还有不少社会名流。比如,1938年,著名的社会活动家、诗人郭沫若来访长沙时,就应友人邀请,前去李合盛品尝这道发丝百叶。郭沫若尝过以后赞不绝口,回到北京后对这道美味仍念念不忘,甚至将当时的情景写入了他的作品《洪波曲》中,一时之间传为美谈。

如今,虽然老牌的李合盛已经歇业,但发丝百叶这道佳肴却成了长沙当地的特色菜,在各大饭馆之间广为流传,它鲜香、脆嫩、爽辣的风味也仍旧为人们所追捧。

五一路上饭馆众多,饭店里人流熙熙攘攘,好不热闹。这次为了寻觅发丝百叶,我们专程来到了这家玉楼东。这栋两层楼的饭馆临街而建,门口有限的几个停车位都已被占满了。我们找了个靠窗的座位坐了下来。一行三人,点了剁椒鱼头、发丝百叶和红菜薹,再加上一人一碗白米饭。虽然店里大部分座位已坐满了客人,但服务员上菜的速度仍然很快,不一会儿三个菜就上齐了。

我细细打量那发丝百叶,只见一片雪白剔透,其中夹杂的微微的酸辣味不觉间已勾起了我的食欲。于是,我夹起一筷子送入口中,口感酸辣爽脆,其中另一股清新的酸味格外与众不同。细细咀嚼我才发现,原来这道看似通体雪白的发丝百叶却不只有切得细如发丝的牛百叶,还有跟牛百叶极为形似的白萝卜丝。经过腌制的白萝卜丝的酸味恰到好处,细品一下,还有淡淡的回甘。也许是为了去除牛百叶本身特有的腥味,店家还很有心地在这道菜中加入了切得细细的姜丝,姜丝的独特香味和并不浓烈的辣味将牛百叶的鲜脆爽口又提升了一个档次。

比起湖南经典的香辣味,我更喜欢酸辣味,因此,我很喜欢发丝百叶这道菜。幼时,逢年过节,母亲总会带上围裙、挽起衣袖,将牛百叶切成细细的丝,为我做一道发丝百叶。每逢这时,年幼的我就如同过年一般,菜肴尚未出锅,我就仰着小小的头,眼睛一眨不眨地盯着锅里了。这一颗小小的心对美食是何等热爱啊!如今,再吃这发丝百叶,心情却是不同的。儿时吃发丝百叶,许是品味美食;而今吃发丝百叶,却多了一丝对往昔的回忆。

安伦天桥（芙蓉广场店）

地址　芙蓉区芙蓉中路238号芙蓉广场1层

电话　13617489918

刮凉粉
酸辣清凉的夏日风味

除了"星城"，长沙还有一个别称叫作"不夜城"。也许是因为长沙纬度较低，这里的夜晚也降临得要晚一些。到了晚上10:00之后，大大小小的饭馆里人群开始稀稀落落，而沿街的夜宵馆子和小摊位的人气却逐渐旺了起来。到了夏日，入夜之后，长沙人在家里更是坐不住了，这时，一碗刮凉粉就成了老长沙人最勾人胃口的消暑佳品。

刮凉粉的原材料是绿豆，辅料可以根据个人口味放入酱油、麻油、醋、蒜和食盐等。这道清凉爽滑的夏日凉品是酸辣风味的，格外解暑祛湿。夏天里，夜色渐浓，小摊主们也纷纷出街。你只要冲着摊主喊一声"来一碗刮凉粉"，摊主就会麻利地拿出一个模具来，利利索索地刮出一条条细长又白嫩光滑的凉粉来，将它们盛于瓷碗中，再配上红红的辣椒油、翠绿的葱花和香喷喷的花生碎。略微搅拌一下，让凉粉均匀地沾上辣椒油和花生碎，送入口中，这就是夏日最大的满足了。

回想一下，第一次吃刮凉粉是在中学的校门口。一日放学，同桌拉着我来到一家小吃摊前，只见一团光滑白嫩、晶莹如玉的膏体，上面罩着一方纱笼，羞答答地卧在那里。旁边整齐地码放着醋、麻油、酱油、葱花、蒜汁、萝卜干和辣椒油等各色佐料。同桌是个深谙美食之道的小姑娘，眼见着这等美食，她咽了一口口水，轻车熟路地对老板说："一人来一碟，多放醋，再加点剁辣椒！"只见那老板娘应了一声，麻利地抓起满是洞洞的凉粉刮子，在凉粉垛子上轻轻一拖，就拉出来一条条细长而扁平的凉粉丝来，往小碟子里一堆，蓬蓬松松的，再撒上各种佐料，雪白剔透的凉粉丝染上了褐色的陈醋和红彤彤的辣椒油，再点缀上些许葱花和花生碎。我不禁有点看呆了，这与其说是吃食，倒更像是一件艺术品。

用筷子将凉粉轻轻拌匀，让调料的味儿渗透进凉粉，夹起一筷子，送入口中，轻轻咀嚼，爽辣清凉里还萦绕着鲜美甘甜，瞬间一种难以言表的酣畅从舌尖一直淌入心间，夏日的焦躁也随之消散了许多。

一晃，十几年过去了。夏日的午后，清闲在家，突然又回想起了这道曾经让我一度痴迷的夏日美味。肚子里的馋虫勾人，我顶着炎炎烈日出门，寻到了这家位于芙蓉中路上的老字号。

许是烈日当头，这家平日里熙熙攘攘的小店里这时却没有几位食客。趁着空闲，店主正在慢条斯理地准备着凉粉垛子，我难得偷得半日闲，就在一旁观摩起来。长沙的刮凉粉多用绿豆、荷兰豆或蚕豆做成，这家的原料是荷兰豆。店主先用凉开水将豆粉化开，再调成糊状，倒入锅中滚烫的开水中，一边倒，一边慢慢地搅拌，一直搅拌到锅中的糊糊成为半透明的黏稠状，再将其倒入干净的圆盆之中。待其冷却之后倒扣出来，一个呈胶冻状的凉粉垛子就做好了。吃了十几年的刮凉粉，这却是我第一次见证这道美食从无到有的制作过程。

眼见店主完工，垂涎已久的我迫不及待地点了一碗。将刮凉粉捧在手心里，隔着薄薄的陶瓷碗已感到了丝丝清凉，略一搅拌，送入口中，酸辣萦绕于舌尖，清凉直抵心房。我一直相信人的味蕾是有记忆的，每当邂逅一见钟情的美食，就会自然而然地储存起来，令日后魂牵梦萦。而这道口感细腻、滋味丰富而又晶莹剔透的刮凉粉就是我在滚滚红尘之中难以忘怀的一道风味小食。

津市刘聋子粉馆（五一店）

地址　芙蓉区五一大道838号大成酒店一楼

电话　0731-85131677

牛肉粉

米粉界的土豪

　　随着回民不断迁徙，在南方的许多地方，米粉开始逐渐流行起来，各地也根据自己当地的饮食习惯，不断给米粉当中添加新的元素，从而形成独具地方特色的米粉。牛肉粉是长沙家喻户晓的一道美味。长沙人爱吃米粉，将它作为早餐、午餐和晚餐，甚至下午两三点钟饿了，也会来上一碗热气腾腾的米粉。可以说，在长沙街头走一走，随时随地都会看到有人在吃米粉。在长沙众多的特色米粉中，牛肉粉以其爽辣筋道、香浓不油而深受人们喜爱。

　　长沙牛肉粉的独特风味一则在于粉，二则在于码子。牛肉粉中的米粉用纯米制作而成，不添加任何其他材料，但新米与陈米的使用配比尤其重要，唯有如此，做出来的米粉才能弹性十足、雪白顺滑、米香四溢。一般的扁粉如果在汤里泡得太久了，口感就会全失，而这种米粉却恰恰相反，不仅不会软烂，反而会更加入味。

　　牛肉粉的另一个特色就在于上面的码子，也就是牛肉。一般要将牛肉浸泡在香料之中，腌制数小时，再用文火慢慢熬制，直到卤透入味。再用乡野间农家榨的菜籽油和辣酱与牛肉一同爆炒。出锅后，牛肉软嫩香辣，还隐约带着菜籽油的自然醇香。而牛肉粉的汤底也是用牛棒骨经过数小时熬制而成的，乳白透亮，还带着微微的甜味。这浓郁的汤底混合着米粉纯天然的微酸味，清爽开胃，香辣诱人，不知不觉间，一碗米粉下肚，让人热血沸腾。

走在宽广热闹的五一大道上，各色小吃琳琅满目，但我每次都不会错过津市刘聋子粉馆的牛肉粉。据说，在长沙想吃到最地道的米粉，刘聋子家是最好的选择。在我看来，这家小店的牛肉粉味道正、分量足，还很干净。店里有各色牛肉码子，如巴掌牛肉、原汤牛肉、麻辣牛肉，还有牛杂，价格都在十几块钱。它还有一个很吸引我的地方，就是盛米粉的碗够大，大碗大碗的牛肉粉，显得很大气，热气腾腾地装在碗里，不一会儿就凉了下来，不用担心烫着嘴。

我点了一碗招牌巴掌牛肉粉，说是巴掌，分量却一点也不少。大大的碗里，滚滚的辣油汤和大片大片的牛肉下面躺着雪白顺滑的米粉。夹起一块牛肉，细细咀嚼，可以发现牛肉上的牛筋剔得干干净净，舌头甚至能感受到肉的纹理。再搅拌一下，让香辣的汤汁浸入米粉之中，夹起一筷子，送入口中，那种熟悉的香辣味直冲上天灵盖。再加入特制的山胡椒油，香辣之中又透出一丝丝麻味，味道更是鲜美无比。

任何时候，吃向来都是头等大事。吃什么？怎么吃？所谓美食，自然是为了满足味蕾的需求，这也是吃的前提。而这碗浸泡在火辣辣的辣椒油里的牛肉粉有着无穷无尽的魅力，让长沙人在朝暮之间鼓着腮帮子，大吃特嚼，也让味蕾享受到了极致的快乐。

玉楼东（五一路店）

地址	芙蓉区五一大道125号（近曙光路口）
电话	0731-82777988

酒爆仔叫鸡

三伏天里要吃鸡

头伏是真正暑天的开始，每每到了头伏这一天，长沙市民就会纷纷忙碌起来，准备吃"伏鸡"，此外还有"伏狗""伏甲鱼"，也就是长沙风俗里所谓的敷贴。为何长沙人这么看重头伏呢？为何每年到了头伏这一天，长沙人就有吃鸡的习惯呢？因为长沙素有"火炉"之称，三面环山，一面邻水，气候湿润，而人们自古认为，公鸡是祛湿的一味良药，久而久之，长沙民间就形成了头伏吃鸡的习惯。在长沙还流传着一句民谚："起伏吃只鸡，一年身体好。"

作为一个长沙人，从我记事起，每当头伏将至，家里就久久飘散着一股醇厚浓郁的鸡肉香，我就知道母亲又在下厨准备"伏鸡"了。如今，长沙各大饭店中的"伏鸡"花样百出，但其中最地道、最受老长沙人认可的还是"酒爆仔叫鸡"。老长沙人对吃"伏鸡"有讲究，就像母亲跟我说的，"伏鸡首先得是仔叫鸡，而且要下白酒，一起爆炒，才能出味儿"。而且在做这道酒爆仔叫鸡时，最好使用上好的麻油，因为麻油本身就有排毒的功效，白酒也要选用纯度高的谷酒。衡量谷酒好坏与否也有讲究，一般是将酒水倒入杯中，如果酒花儿浮在酒水上面不消散就是好酒。用这样的酒爆炒出来的仔叫鸡又香又嫩，鲜香爽口，一人都能吃得下一只鸡。

对现在的长沙人来说，头伏天里要吃鸡不仅是一项传统习俗，更是一次家庭小聚的好时光。头伏天里，许多长沙人都更愿意去附近的饭馆里点上一份香辣浓郁的酒爆仔叫鸡，和亲友小酌几杯。今年头伏那天，我就带着爸妈一起去玉楼东吃了酒爆仔叫鸡。吃完以后，我才知道这家店里的酒爆仔叫鸡果真是名不虚传，味道特别好。

在点餐时，服务员还向我们隆重介绍了这道酒爆仔叫鸡：玉楼东做这道菜肴的时候一直坚持的是最传统的做法，用路边荆将仔叫鸡煮过以后，再将仔叫鸡做成"伏鸡"。所谓路边荆，指的是湖南乡野间的路边常见的一种灌木小植物，常常被用作中药，据说还有清热解毒、祛风散热的功效。而且鸡肉和路边荆一起熬煮过后，鸡肉本身也会带上一股若有若无的中草药味儿，肉质也更加紧实爽滑。

一只酒爆仔叫鸡看似平淡无奇，但其中却别有洞天。在玉楼东，"伏鸡"的做法大有讲究。先是将路边荆洗净，取其根部，与鸡肉一起熬煮成浓汤汁，再将紫苏切成碎末备用，然后将剁成小块状的仔叫鸡用滚油爆炒，炒至三分熟时，将切好的老姜片放入锅中，再加入一小匙上好的白酒，继续翻炒，这样味道会更加鲜美浓郁。最后将熬好的路边荆的汁水淋在仔叫鸡上，盖上锅盖，用文火慢慢煨煮，一直到汤汁渐干时，满屋子香气四溢，便可装盘享用。

只见那酒爆仔叫鸡经过爆炒和熬煮以后色泽金黄，荤香诱人，与红椒、青椒一起装盘，卖相甚佳。我夹起一小块，细细品尝，这道菜既保留了鸡肉原本紧实、鲜嫩的口感，又很好地融入了白酒和路边荆的味道，此外还有一丝丝用于提鲜的紫苏味儿。尝罢这一道色香味俱全的酒爆仔叫鸡，我便开始期盼着来年的头伏天了。

人类的进化史有时候又像是一部人类对食物的追逐史。在漫长的时光里，人类既追求着美味，又追求着美味佳肴带给人类身体的滋养与恩泽。而这一道流传了数百年的"伏鸡"也反映了老长沙人在色香味之外，对于美食养生的追求。

寻味长沙

徐长兴烤鸭店

地址　芙蓉区古汉路新桥沁园小区 C8 栋底商

电话　0731-82777967

一鸭四吃

鲜脆甜咸，百味杂陈

　　人们经常戏称长沙为"火炉"，到了盛夏，经常连续多日持续三十七八摄氏度的高温，每当这时，避暑纳凉就成了长沙人的头等大事。为了祛除暑气，每年端午节前后，长沙人就开始吃鸭肉，还因此潜心研制了不少鸭子的好做法。其中，一鸭四吃就是长沙众多吃鸭子的食谱中最有名的。湖南盛产鸭子，而这道一鸭四吃最初是芙蓉区的特产，顾名思义，就是一只鸭有四种吃法，将其分别做成烤鸭薄饼、鸭肉酱丁、鸭油蒸蛋和鸭架豆腐汤。这四道菜分别吃的是鸭皮、鸭肉、鸭油和鸭架，四种吃法、四种风味，一顿饭可以吃遍鸭的全身，还可以交替享用烤、爆、蒸、煸、煮所成就的鲜嫩、酥脆、甜咸等多种风味。

　　作为一个老长沙人，我最初只知道奇峰阁的鸭子、火宫殿的臭豆腐、德园的包子、杨裕兴的粉，这些老字号的东西都让人流口水，却不知道比起奇峰阁，徐长兴烤鸭店的年代更为久远，味道也更为考究。前不久，朋友拉着我一同去徐长兴探店，最初我还扭扭捏捏的，朋友大费口舌我才同意一同前往。

不吃不知道,一吃我就马上被这家已有百年历史的烤鸭店圈粉了。清末光绪年间,原籍在南京的徐沛斋先生在长沙坡子街创办了这家徐长兴,取的是"长兴久旺"之意。因为用料讲究,做工考究,这家烤鸭店一时声名鹊起,成为当时让人争相追捧的美食。相传,徐长兴最初只卖烤鸭。精选肥嫩鲜活的鸭子,宰杀之后去除毛和内脏,洗净,用毛笔筒在鸭腿上吹气,扎出一个个的小孔,并在鸭翅下开洞灌水,烤熟以后鸭皮舒展而酥脆,再将鸭体内的清汤倒出,淋上细盐、酱油和麻油,置于烤盘内,细细烘烤。

如今,这家徐长兴烤鸭店位于芙蓉区的古汉路上,一鸭四吃也俨然成了芙蓉区的一道特色菜。位置有点难找,但这并不会难倒真正的吃货。这家百年老店位于沿街的一栋居民楼的一层门店处,木质桌椅摆放得错落有致。下午不到五点,门外的车位已停了几辆车,店里也坐了不少食客。既然是专程为鸭而来,当然要把一鸭四吃都尝个遍了。

因为食客还不多,我们一行五人等了二十分钟,四道以鸭为主料的菜就陆陆续续上齐了。我们几个也不客气,纷纷拿起筷子,伸向了眼前的美食,将四道菜一一尝了个遍。

一吃烤鸭薄饼,口味香酥甜咸。酥在片成薄薄一片的鸭皮上,咸在薄薄

的饼上。这间店的饼是用上好的面粉调水再加入少许精盐、花椒粉,用文火在平锅上贴抓而成的。甜在酱料上,这种酱料以京酱为原料,再拌入蔗糖、面粉、麻油和水,蒸煮而成,香甜可口。我夹起一段鲜嫩多汁的葱白,蘸上甜面酱,放在薄饼上,再放入鸭皮,卷在一块,囫囵地放入口中,一瞬间,丰富的口感彻底地席卷了味蕾。

二吃酱爆鸭丁。鸭肉被片去了皮,再配上切成丁的玉兰,与红辣椒、鲜蒜加入甜面酱、酱油一顿爆炒,色泽金黄,鲜美细腻。夹起一块送入口中,顺滑细腻的鸭肉满满地吸入了汤汁,很是可口。

三吃鸭油蒸蛋。不同于普通的石灰水蒸蛋,这道菜是将鸡蛋磕开,加入冷却的鸭清汤之中,再淋上石灰水和鸭油,上火一蒸,更鲜美,也更细腻。轻轻舀起一勺,慢慢吮吸,口感有点像在吃布丁,但又更加香浓。

四吃鸭架豆腐汤。将片去鸭肉和鸭皮的鸭架子砍成一小块一小块的,放入茶油之中快速翻炒煸香,再加入鸭清汤、小白菜和白豆腐一同熬煮,出锅之前撒些胡椒粉,味道清润鲜美,搭配烤鸭薄饼,尤其开胃解腻。

长沙素来有吃鸭的传统,而徐长兴的一鸭四吃更是将长沙的吃鸭文化发挥到了极致。烤鸭的酥脆、鸭丁的入味、蒸蛋的顺滑和鸭架汤的鲜美,都让人食之难忘。吃饱喝足,走出店门,心想到了明年端午吃鸭的好时节,又多了一个带着父母觅食的好去处。

壹盏灯（乐和城店）

地址　芙蓉区黄兴中路188号乐和城4楼

电话　0731-88776669

酸辣鱿鱼卷
酸酸辣辣就是我

2012年，美食纪录片《舌尖上的中国》在央视开播，在第五集《厨房的秘密》中曾出现了许多关于湘菜的画面，其中长沙的特色风味芙蓉鸡片、糖油粑粑、酸辣鱿鱼卷、臭豆腐都被一一展示了出来。在这众多色香味俱全的菜肴之中，恐怕要数酸辣鱿鱼卷最鲜为人知了。这道菜形状优美，酸中透辣，是一道既好看又好吃的传统湘菜。

作为一道湖南的传统名菜，想要做好酸辣鱿鱼卷，最考验的就是刀工。将鱿鱼片切花时，对刀工要求很高，一则要用力均匀，这样鱿鱼片上划出来的刀痕深浅才一致，二则横竖的刀痕要整齐，这样菜肴的品相才美观。这样做出来的鱿鱼片才能质地滑嫩，酸辣突出，鲜嫩之中又透着爽脆，口感十足。此外，不少饭馆还会在酸辣鱿鱼卷中放入剁椒和酸萝卜，用来凸显酸辣的口感。这样一来，不仅丰富了菜品的色泽，增强了其观赏性，又去除了鱿鱼的腥味。当鱿鱼卷遇上酸萝卜，碰撞出的火花一瞬间在你的口腔中炸裂，好吃得根本停不下来。

长沙街头大大小小的饭馆里都少不了这道颇受八方食客青睐的酸辣鱿鱼卷,但在我看来,在众多版本的酸辣鱿鱼卷中,最够味、最地道的还要数长沙老字号——壹盏灯家的。在长沙,永远不用发愁没有湘菜馆子,今天楼下的大碗菜倒闭了,明天学校附近的小炒店又风风火火地开张了,时间起起伏伏,一切都在变,但在众多老长沙人的心中,这家门口高高悬挂着红灯笼的壹盏灯却是永远也无法磨灭的回忆。

壹盏灯位于黄兴中路乐和城的4楼,步入壹盏灯,就如同在闹市之中走入了一户独门小院,只见那青砖瓦、木雕窗,还有高高悬挂着的灯笼在夜色中飘摇,质朴的饭菜香迎面扑来,让人觉得干净又放心。壹盏灯主打的是传统老湘味,肉嫩子火焙鱼、鸭掌筋、腊味饭,这些最地道的家常菜也许少了几分惊艳,但怎么吃都不会腻。如果隔上一段时间没吃上,还会徒增许多思念。

来到壹盏灯,酸辣鱿鱼卷是我的必点菜。偶尔一人来吃,一盘酸酸辣辣的鱿鱼卷,一碟爽口的空心菜,再配上一碗白米饭,足矣!《随园食单》上记载"凡一物烹成,必须辅佐","厨者之作料,如妇人之衣服首饰也"。那么,壹盏灯精心烹制的酸辣鱿鱼卷是用什么作为"衣服首饰"的呢?水发玉兰片、瘦猪肉、酸泡菜、萝卜、刀豆、豆角、蒜苗、辣椒等众多食材,全都切成碎细末,佐以青蒜、干辣椒末,下入烧至五六成热的油锅之中一同煸炒,接着下入鱿鱼片,加入黄醋和酱油翻炒片刻,再加入肉清汤烧开收汁,一盘风味醇正的酸辣鱿鱼卷就做成了。

酸辣鱿鱼卷一上桌,就觉得所有的等待都是值得的。青花瓷的盘子里,鱿鱼卷浸泡在酸辣味的汤汁里,旁边簇拥着玉兰片、猪肉末等一众配料,

小小一盘，却是花样百出。酸辣鱿鱼卷要趁热吃，如果凉了，鱿鱼的腥味就若隐若现了。我当即拿起筷子，夹起一个鱿鱼卷，放入口中细细咀嚼。一时之间，鱿鱼的鲜嫩清脆、剁椒的酸酸辣辣和经过爆炒的猪肉末的荤香浓郁混合在一起，味蕾得到了极大的满足。

事实证明，我点一盘清炒空心菜是最正确的选择。因为壹盏灯的酸辣鱿鱼卷虽然是酸辣口的，但酸味过后是绵长的辣味。即使像我一样无辣不欢的人，也免不了要吃上几口清炒的空心菜，用它的爽口清脆来化解掉酸辣鱿鱼卷后劲十足的辣味。

作为老字号，壹盏灯十几年如一日，拥入饭店的人一批又一批，它俨然成了附近众多公司的小食堂。岁月在更迭，人世在变迁，唯独那一碟红白相间的酸辣鱿鱼卷保留了最初的味道，一遍遍唤醒着味蕾深处的记忆。

花之林人文茶馆（步行街店）

地址 芙蓉区黄兴路步行街南段大古道巷口

电话 0731-86451698

湘味炒饭
最窝心的家常口味

在中国人的饮食观念里，没有不好吃的食材，只有不够精湛的厨艺。即使是一碗最平淡无奇的炒饭，也能玩出许多花样来。炒饭因其烹饪简单、食材多样，而深受人们喜爱，流行于大江南北。

大致上来说，长沙炒饭可分为三类。

第一类是以调料来炒饭，诸如酱油炒饭、菌油炒饭、茶油炒饭等，其中最有名的就是酱油炒饭。这炒饭最是家常不过，就是在米饭中加入少许油炒热，再加入酱油，翻炒至油光发亮，热气腾腾，一盘上乘的酱油炒饭就做好了。菌油炒饭则是取少许寒菌油，将其切碎，再与饭一起翻炒，并佐以酱油、盐、胡椒粉和葱花调味。

第二类是各种菜炒饭，如蛋炒饭、酸菜炒饭、腊肉炒饭、雪里蕻炒饭等。蛋炒饭，顾名思义，是用生鸡蛋与隔夜饭一起炒，其中的上乘之品粒粒金黄，颗粒分明而饱满。酸菜炒饭选用的则是最好的萝卜缨子，头一天用开水浸泡,并加入少许白醋,泡上一天一夜。再将里面的水分煸炒干,入好味,与隔夜饭一同翻炒,再加入少许酱油调味。此外,酸菜炒饭还可以与剁椒或腐乳搭配。其实,这类炒饭多是从前物资匮乏的年代的产物。当时,清贫人家炒完菜之后,锅里还剩下许多菜汤和油水,舍不得将其扔掉,就再炒上一碗饭。

第三类炒饭就比较奢侈一些了,炒饭中会放入一些山珍海味,比如松茸菌炒饭、象拔蚌炒饭等。

其中颇有盛名的还有一道"墨泉炒饭",这道炒饭味道十分惊艳,一度让长沙的美食家心驰神往。这种炒饭是将腊肉切成碎丁,和腊八豆香一同下入米饭之中炒热,再加入已经炒干水分的雪里蕻,起锅之前,再加入一些已经腌制了两三天的剁椒用来提味。剁椒的清香与腊肉的烟熏味儿互相缠绕,而雪里蕻的脆嫩爽口又与腊肉的质地互相补充,那香味儿任谁闻见了都会忍不住尝上一口。

一个周末,中午我一个人闲在家中,突然想起了湘味炒饭,不觉胃口大开,立马外出觅食。我特意挑了位于步行街的这家茶馆。这家小小的茶馆坐落于闹市之中,却又闹中取静,环境格外清新雅致,仿佛早已脱离了周围喧

器的环境。因为只有我一个人,所以就独独点了店中的特色蛋炒饭。简简单单的一碗蛋炒饭,既算不上珍馐美味,又登不了大雅之堂,多是寻常人家对餐桌上剩饭的"再利用"。但这家店的蛋炒饭却很讲究,听服务员说,这里的每一份蛋炒饭烹饪的时间都有足足两分钟,而且必须一份一份分开来做。这是因为"蛋炒饭最忌讳'大锅饭',米在锅里待的时间太长了,容易粘锅,而且锅里的温度很高,还会损耗掉饭汁"。

端上来的蛋炒饭冒着腾腾的热气,盘中的米饭粒粒分明,佐以翠绿的葱花,还配上了特制的调料。我舀起一勺,送入口中,米饭的清香和鸡蛋的浓郁完美地融合在一起,成就了如此传统又别具一格的蛋炒饭。吃完以后,我尚且觉得不过瘾,但仍依依不舍地离开了茶馆。所谓饭吃七分饱,只是为下一次与美食重逢留下些许念想。

熊猫爱姨

地址　芙蓉区韭菜园路239号

电话　15211000023

芙蓉区　咂舌间的传统味道

香辣凤爪
冰火两重天

民间素有龙凤呈祥的说法，因此，人们将鸡爪称为凤爪，除了好听之外，还讨了吉祥。

在长沙的美食圈，凤爪一直占据着一席之地。它上得了厅堂，在玉楼东等高档酒店频频出现；它也很接地气，是长沙街头巷尾的小吃铺里常见的一道传统小吃。凤爪富含胶原蛋白和钙质，不仅能软化血管，还兼具美容的功效。

最初在长沙，香辣凤爪并不是一道上得了厅堂的菜肴。旧时，农户家饲养的土鸡多活跃于山野之间或田埂之上，自己四处觅食。于是，人们认为成天在泥地里蹚的鸡爪是下贱之物，不能登大雅之堂。明朝嘉靖年间，理学家季本出任长沙知府，在长沙做官数载，还大规模修葺了岳麓书院。卸任归隐后，季本回到了浙江的老家会稽，休憩于山水之间。怎知，在长沙生活的那几年，这位曾经粗茶淡饭、清淡饮食惯了的绍兴人却爱上了湖湘地区的香辣风味。一个夏夜，夜半三更，暑热渐渐退去，季本在半夜里才有了食欲，辗

53

转反侧，再难入睡，于是去家中厨房觅食，但半夜里，哪会有什么美味食材呢？于是，大厨无奈之下将白日里熬乌鸡汤留下的两只鸡爪仿照湘菜的套路烹饪一番。怎料，那鸡爪在经滚油煎炸后外酥里嫩，佐以生姜、蒜子、辣椒粉，一股浓烈的香辣味让季本食欲大开。这湘味十足的鸡爪不仅缓解了季本酷暑之中的烦闷，也慰藉了他对湖湘美食的思念。后来，季本回长沙探友，也将这道美食带到了长沙。

如今，长沙街头各色凤爪小吃随处可见，但如果让长沙的美食达人帮忙推荐，十个有九个会说"熊猫爱姨"家的凤爪最是美味。熊猫爱姨位于芙蓉区，生意很红火。

熊猫爱姨的老板娘60多岁，年轻时走南闯北，去过不少地方，因此，经她之手做出来的凤爪也融入了南来北往许多地方的特色。听老板娘说，这个店面一个月光是租金就要将近4000元，加上其他各种费用，每个月的开支并不低，全要靠这一只只小小的凤爪挣回来。一般来说，店里每天能卖出约2500个凤爪。

他家的凤爪在一个大大的木卤桶里蒸煮，现做现卖。客人要吃时，就热腾腾地捞出来，撒上一层红艳艳的辣椒粉，一块钱一只。捞出来的凤爪有一

股浓郁的酱油香味，一个个软糯糯、胖嘟嘟，吹弹可破。咬一口，浓郁的酱香味、浓烈的辛辣味和刺激的油辣味缠绵在一起，充斥在舌尖。但是，凤爪的胶质口感很好地将刺激的辛辣味给中和掉了，让人越吃越有味。常常吃到后头，还能感觉到一丝不可言说的鲜美。和那些动作麻利的长沙妹陀一样，我三五分钟就将凤爪一扫而光，桌面上只剩下些许碎骨头。

  熊猫爱姨家的凤爪还有一个绝配，那就是他家的"灵泛得乐"。所谓的"灵泛得乐"其实就是掺和着可乐和其他糖水的一种冰镇饮料，因为他家的凤爪能辣得你嗓子冒烟，这冰镇饮料正好用来解渴。

  无论寒冬酷暑，坐在这市井之中的小小店面里，大快朵颐地啃着香辣酥嫩的凤爪，大口喝着凉到心窝子里去的"灵泛得乐"。在这冰火两重天的奇妙意境里，美食带来的乐趣是如此的极致。

董娭驰铺子

地址　芙蓉区浏正街128号
电话　1867446793

糯米粽子
清甜入我心

粽子，在古时又被称为"角黍"或"筒粽"，是用粽叶将糯米包裹着蒸制而成的一种传统节庆食物。早在春秋时期，粽子就出现了。但那时粽子主要是用于祭祀神灵和祖先的。到了晋朝，粽子成为端午的节庆食品。由于南北方的饮食习惯有所差别，粽子也形成了截然不同的南北风味。就馅料而言，北方以包着小蜜枣的枣粽最为出名；而南方粽子则花样繁多，有鲜肉、豆沙、火腿、蛋黄、八宝等多种馅料。

相传，早在两千多年前的古百越时代，居住在湖南地区的古人就有在端午节食用粽子的习俗了，为的是纪念伟大的爱国诗人屈原。古时，人们做的是风味最为传统的糯米粽子，如今长沙地区许多老人家到了端午节时仍会做原汁原味的糯米粽子。这种糯米粽子吃起来口味清新独特，制作工序也比较繁杂。要先将糯米淘洗干净，浸泡半个多钟头，再与适量的碱搅拌均匀。粽子叶虽然只是用来包裹粽子，但也容不得马虎，要用开水煮十来分钟，将蒂剪去，将大叶子与小叶子搭配好，叠成一个个好看的"十字架"，用绳子捆成一把，放入清水中浸泡四五个钟头，为的是消除粽子叶的涩味，以免影响糯米粽子的口感。接着，将粽子叶折成三角形的斗状，灌入糯米，包成一个个精巧好看的菱角形，再用细麻绳扎紧，放入锅中用中火慢慢煮上两三个钟头。这样烹饪而成的糯米粽子没有掺杂任何其他的味道，只有最天然的粽叶的清香和糯米的软糯。煮熟以后，将粽子剥开，蘸着白砂糖吃。绵软细腻的白砂糖融化在了温热软糯的糯米粽上，那一阵清甜如同一汪清泉，流淌在心间。

在每个老长沙人的记忆深处，每逢端午节前后，家家户户都飘散出糯米粽子的清香和艾叶淡淡的草药味，在炎热的夏日里，带给人一丝丝清凉。可以说，对于热爱重口味的长沙人而言，清甜而天然的糯米粽子实在是众多长沙美食中一道独特的风景。如今，糯米粽子不再是长沙人每逢端午节的一道节庆食品，而成了街头巷尾常见的一道风味小吃。除了最传统的原味糯米粽子，加入红豆、绿豆、白莲子、火腿肉等各种馅料的粽子也很受欢迎。

说起来，长沙街头人气最旺的糯米粽子还要数芙蓉区浏正街上的董娭驰铺子。今年夏天，临近端午的一个周末我碰巧路过那里，早就听朋友说董娭驰铺子的糯米粽子个儿大、用料足，味道也很不错，于是也去尝尝鲜。当街的小店铺不过十来平方米，虽然是烈日炎炎的下午，但门口依然排着长队。轮到我时，我一眼就被靠着玻璃窗摆着的那一大锅红豆大枣糯米粽吸引了。赶紧点了一个，冒着腾腾热气的糯米粽捧在手上，剥开粽子叶，迫不及待地咬上一口，豆沙的清甜与大枣的浓郁完全融入了清淡的糯米之中，甜而不腻，口感黏滑软糯。

我一边吃着糯米粽子一边在步行街上溜达，不一会儿，一个大粽子就下肚了。我还觉得不过瘾，又折回了董娭驰铺子，将他家的蛋黄鲜肉粽、糯香八宝粽和经典原味粽一样买了两个，打包回家慢慢吃。回家途中，公交车已经开出了好几站，但嘴中方才吃过糯米粽子后留下的那股绵长的甜味仍久久不能散去。儿时一同嬉闹着吃糯米粽的伙伴早已散落天涯，唯有这清甜入心的糯米粽温柔地守护着人们的味蕾。

天心区
有一种暖直抵心房 >>>>>

辣,是湘菜不朽的灵魂。漫步于文庙,觅食于坡子街,将咸辣、酸辣、鲜辣、香辣一网打尽。蓦然回首,却发现热辣之余,湘菜还有些许甜蜜撩人的脉脉柔情。

> **双燕楼百年馄饨（友阿奥特莱斯店）**
>
> 地址　天心区芙蓉南路三段27号友阿奥特莱斯F1
>
> 电话　0731-84688200

冰糖湘莲

洞庭湖的柔情蜜意

冰糖湘莲是一道在湖南流传已久的夏日清凉小吃。据说，在西汉年间就有用白莲子向汉高祖刘邦进贡的传统，故而这一颗颗圆润如珍珠的湘莲又被称为贡莲。湘莲的主要产区是洞庭湖区，有红莲子和白莲子之分，其中的白莲子圆滚洁白，清香粉糯，纵观全国，仍是各色莲子中的佼佼者。在挖掘湖南长沙马王堆汉墓时，还发现了一颗颗莲子，可见人们从那时候就开始食用莲子了。

中国的饮食文化源远流长，其中不少还与骚人墨客有着密切联系，这一碗清香可口的冰糖湘莲也有一段故事。相传，金代诗人张楫一次去福州办事，途经长沙。当时正值炎炎夏日，张楫连日奔波，耐不住暑热，只觉得头昏眼花胸闷，便让随行的书童去附近的村民家讨一口清凉的井水喝。村民得知书童来意，转身进了屋里，不一会儿，拿出了一只小碗。书童正要道谢，却见那碗中并非井水,而是一碗晶莹剔透的汤水,上面还浮着数颗滚圆洁白的莲子。看着书童诧异的神情,村民解释道,这是当地夏日用来祛暑的一种饮品,称作"粮莲心"。人们将白莲子去芯洗净,与清凉的井水一同熬煮,再盛入器皿当中,放入装满井水的大木桶里冰镇。而张栻早就暑热难耐,便仰头喝下了这碗莲子汤。那井水清凉甘冽,莲子软软糯糯,还有一阵阵宜人的清香飘来,顿时暑热也消退了一大半。离开长沙以后,张栻还不时地回忆起在长沙城郊喝过的那碗"粮莲心"。

到了清朝末年,宫廷里的御厨又在"粮莲心"中加入了冰糖一同用文火熬煮,这道祛暑的小甜点也因而得名"冰糖湘莲"。

一日与友人小聚,突然就想起了小时候那口清凉软糯的冰糖湘莲,于是友人当即拍板,说要带我去喝全长沙最正宗的冰糖湘莲。和友人换乘了几趟公交车,终于来到了这家小店门口,看到店名我大吃一惊:双燕楼百年馄饨!这岂不是一家卖馄饨的馆子。好友却神秘一笑,向我解释,这家店不仅是以馄饨出名的老字号,还有清甜得浸人心窝子的冰糖湘莲。下午两三点的光景,店里仍坐着不少食客,如果是饭点,恐怕是一座难求。

友人是这家店的常客,她驾轻就熟地点了冰糖湘莲、腰花馄饨和双燕蒸饺。不一会儿,服务员就端着一个古色古香的盘子将菜品都上齐了。冰糖

湘莲盛在一个小小的玻璃碗里，用小瓷勺轻轻搅拌，发现里面不仅有雪白剔透的莲子，还有色泽红润的枸杞。舀起一勺送入口中，细细品味，恰到好处的凉意和毫不过分的甜味，在凉意和甘甜过后，才是莲子最天然的那股清香味儿。

一边品味着这清凉小吃，一边和友人闲聊。我这才知道，这家店里的冰糖湘莲的口感之所以如此软糯，是因为他们将莲子放入锅中熬煮之前，要先放在蒸笼里将其蒸至软烂。因此，这一颗颗小小的莲子才具备了如此饱满的口感。

吃饱喝足以后，我不禁感叹，这家老店里的冰糖湘莲确实是我吃过最美味的，清甜细腻，余味绵长，满足了我的味蕾对那一碗冰糖湘莲最高的期待值。这碗柔情蜜意的冰糖湘莲让我看到了湘人温柔婉转的一面。

> **新华楼（坡子街店）**
> 地址　天心区坡子街112—115号（马里奥西10米）
> 电话　0731-85996705

甜酒冲蛋

日日花好月也圆

甜酒，又被称为酒酿或江米酒，在长沙则习惯称之为甜酒。这种甜甜糯糯的特色小吃的主要原料是糯米，将糯米蒸熟以后，拌入酒曲，经过保温发酵而成。甜酒不仅口味诱人，还能生津开胃，可谓老幼皆宜。到长沙来，一碗香甜可口的甜酒冲蛋是不容错过的，这是一道有数百年历史的特色小吃。先用糯米制成甜甜的米酒，再将米酒和鸡蛋、白糖等一同煮沸，装在小碗中，细嫩软糯，酒味醇香，汤汁清甜，喝下去以后觉得暖到了心窝子里，忍不住再喝一碗。

相传明末清初，长沙城郊有一户李姓人家的媳妇诞下了一个男婴，生产后产妇气血双亏，好长时间缓不过劲儿来。然而，李家家境贫寒，没钱给产妇买土鸡熬汤滋补身体。李家婆婆想起当地特产甜酒有滋阴养颜的功效，对女性身体尤佳。于是，她去邻家借了三五个鸡蛋，将自家的甜酒放入井水之中加糖煮沸，再冲入鸡蛋，就这样，一碗香味浓郁、色泽诱人的汤水就出锅了，俗称"甜酒茶"，也有人直接称之为甜酒冲蛋。李家这产妇本已数日下不来床，连着喝了几日甜酒冲蛋以后，身体也恢复了七八成。由此，这道口感细腻、滋味香甜的甜酒冲蛋就在坊间流传开了，还成了款待贵客的一道小甜点。

在每个老长沙人的心里，甜酒冲蛋都是阴雨连绵的冬日最温暖、最甜蜜的记忆。记得小时候，每逢冬日清晨，我尚在被窝里蒙蒙眬眬地延续着残梦，耳边总是隐隐约约传来一阵阵"甜酒冲蛋，小钵子甜酒冲蛋啰……"。老城区里，微凉的风里，青石板铺就的大街小巷中都回荡着这一声又一声的吆喝。这时，我会一个鲤鱼打挺从床上起来，套上厚厚的外衣，穿着松松垮垮的拖鞋，下楼买上一大碗甜酒冲蛋，再来上三五根炸得酥脆可口的油条，一家人的早饭就有着落了。

一转眼，二十余载的光阴匆匆流逝，那走街串巷卖甜酒冲蛋的吆喝声也在记忆里渐渐淡却了。然而，那一碗甜蜜而细腻的甜酒冲蛋却仍是长沙人的心头好。如今，甜酒冲蛋的身影不仅活跃在当街的各个早饭铺子里，还进入了各大酒楼，成为人们一番大快朵颐以后的饭后甜点。更有甚者，在寒冷冬夜里，还不忘要吃上一碗甜酒冲蛋作为夜宵，以慰藉白日里的疲劳。

身边有一位朋友尤其爱吃各色甜点，这道既可口又营养的甜酒冲蛋自然会在我们外出寻觅甜食的单子上。这次，我们去的是坡子街上的新华楼。这栋三层楼高的饭馆当街而立，很是引人注目，整体底色是鲜艳的红色，再挂上黑色楷体写就的招牌，古意盎然，与坡子街的整体风格相映成趣。

除了甜酒冲蛋之外，我们还点了糖糍粑粑、炸香蕉和甜圆汤。正值用餐高峰，我们等得望眼欲穿，这几味甜食才慢悠悠地被端上了桌。在小小的白瓷碗里，甜酒冲蛋熟悉的香甜味扑面而来，其中还夹杂着些许米酒特有的酒香味，既不过分浓烈，也不至于清淡无味，一切都是恰到好处。白白糯糯如珍珠一般的糯米颗粒与淡淡金黄色的蛋丝糅合在一起，乳白的底色里点缀着丝丝缕缕的金黄，视觉与味觉得到了完美的统一。

用汤匙舀上一小勺送入口中，温热的口感将糯米的清甜与蛋丝的香浓完美地呈现出来了。连忙再舀起一大勺，匆匆送入口中，还有些许烫嘴，但更加香浓可口。闻着这若有似无的醉人酒香，品着这甜津津的糖水，我仿佛穿越时空，回到了孩提时代。在那段甜蜜的岁月里，这股温暖而甜蜜的香甜味仿佛无处不在，成就了人生最初的美好记忆。

椒宴剁椒鱼头火锅（7mall店）

地址　天心区五一大道锦绣大厦7mall商场3楼
电话　18274823223

剁椒鱼头
湘水畔的一抹鲜活

说到以香辣为特色的湖南菜，剁椒鱼头是无论如何也绕不过去的一道佳肴。走在慵懒而喧嚣的长沙街头，剁椒鱼头几乎是每家店都能吃到的一道菜。火辣的红剁椒覆盖在雪白的鱼头肉上，肥而不腻，咸鲜微辣。可以说，湘菜的精髓在这剁椒鱼头上被体现得淋漓尽致了。

据说，剁椒鱼头的出处可以一直追溯到清朝雍正年间。当时有一个名为黄宗宪的文人，因受到文字狱的牵连，不得已离家出逃。半路上，他经过湖南的一座小乡村，于是投宿在一个清贫的农户人家。为了招待他，农夫从池塘里捕回来一条胖头鱼，农妇就用这条鱼来做菜款待黄宗宪。农妇将胖头鱼清洗干净后，鱼肉里面放上盐巴，熬制成清汤，再用自家做的剁辣椒与鱼头一起蒸。不想，黄宗宪吃后觉得鲜美异常，赞不绝口，久久难以忘怀。风头过去以后，黄宗宪返回家中，让家厨对这道菜加以改良，名声在外的剁椒鱼头也因此应运而生，并成为鲜香火辣的湘菜中的代表。

作为一个土生土长的湘妹子，记忆里最悠远绵长的一抹关于舌尖上的记忆，可能就是一锅剁椒鱼头了吧。毕竟，这道舌尖上的美味既可以作为饭馆里招待亲友的佳肴，又是妈妈们自己在家就能烹饪的一道家常菜。记忆里，冬日的厨房中弥漫着剁椒辛辣鲜香的味道，手起刀落之间，一盘美味的剁椒鱼头就上桌了。轻轻夹起一块鱼肉，送入口中，最初感受到的是剁椒的酸辣，紧接着是鱼肉的鲜嫩多汁。仅仅一口这样的剁椒鱼头，就将湖南冬日特有的潮湿阴冷彻底驱散了。那种暖烘烘的舒服劲儿从口腔传入胃里，一直抵达心房。

正宗的湘菜，做剁椒鱼头时选用的鱼头是草鱼、白鲢鱼或花鲢鱼，主要是因为这些品种的鱼个头儿大，肉质鲜嫩，适合与剁椒一起烹饪。有时候，所谓的鱼头不单是一个鱼头，往往还带着小半个鱼身子，装在一个巨大的盘子里，只看上一眼，就让人忍不住咽口水。

虽然几乎每家湘菜馆都能吃到剁椒鱼头，但其中最负盛名的还是椒宴剁椒鱼头火锅。这家以剁椒鱼头作为主打菜的饭馆在多处商圈均有门店，但其中最火爆的还是五一大道这一家。到了锦绣大厦3楼，在来来往往的食客之间，最为人头攒动的就是这一家。走入干净整洁的门店，发现几乎每张桌上都有一盆剁椒鱼头。在这里，剁椒的辣与鱼头的鲜融为一体，独具一格。在这火辣与鲜嫩之间，我们也能从中体会到几分湘人所特有的热情与细腻。

> **宽窄巷（海信广场店）**
> 地址　天心区湘江中路2段36号海信广场7层
> 电话　0731-88897756

天心区 有一种暖直抵心房

湘味毛血旺
青出于蓝而胜于蓝

若要说湘菜最突出的特点，那必然是热辣过瘾，最爱的就是湘菜那股子热辣劲儿，够味道，也够霸道。看那菜盘里洋洋洒洒的红红火火，觉得足足有一半的食材都是红彤彤的辣椒，看的时候也许觉得不敢吃，可只要吃上一口，就再也停不下来，再也控制不住对它的喜爱。作为一个喜爱吃辣的湘菜粉丝，这道经过长沙人改良的湘味毛血旺一定不能错过。

毛血旺最初起源于重庆，后流传于川渝地区，是一道麻辣口味的煮菜。因为这道菜肴是将生血旺现烫现吃，再辅以毛肚杂碎等食材，因而得名毛血旺。这道汤汁红亮、鲜香麻辣的菜肴最初也来自于民间。20世纪40年代，在沙坪坝磁器口古镇的水码头上住着一位姓王的屠夫，他每天都将卖肉剩下的杂碎以低价处理。他的媳妇张氏觉得挺可惜的，于是当街支起了一个卖杂碎汤的小摊，将猪骨头、猪头肉佐以花椒、料酒、老姜以小火煨制，然后加入豌豆，熬成浓浓的汤底，再加入肥肠、猪肺叶等杂碎，味道浓郁鲜美。一个偶然的机会，张氏将那日剩下的鲜猪血旺放入了杂碎汤中，发现猪血旺越煮越嫩，味道也更鲜美了。于是，自此以后这道菜都是将生血旺现烫现吃。所谓"毛"，其实是重庆方言，意思是粗犷、马虎。这道来自码头的粗犷豪放之菜可以说是重庆江湖菜的鼻祖之一。

跟随着人们的步伐，食物也一同南来北往地迁徙。如今，这道以麻辣香浓著称的毛血旺已在长沙扎根，成了无辣不欢的长沙人外出觅食时的一口心头好。湘味毛血旺除了保留毛血旺原本爽辣浓郁的口感之外，也根据湖南人的饮食习惯进行了改良。

为了痛痛快快吃一顿湘味毛血旺，我们专门来到坡子街，在人来人往的街口处有一家店生意异常火爆，那就是宽窄巷。这家店的装饰风格古朴而清新，店内摆放的是简洁的木质桌椅，延续的仍是古风特色。

我们到店里时才上午十一点，店里还没有几桌客人，所以等菜的时间也不长，二十多分钟菜就陆陆续续上来了。我们点了店里的招牌菜毛血旺，因为看见邻桌还有人点了风干兔和椒烧茄子拌皮蛋，于是也照着点了尝尝鲜。担心毛血旺的口味太辣，我们还特意点了桂花蜜米酒汤圆。

一大盆毛血旺摆在面前，红红火火，好不热闹。最上面一层是雪白的牛百叶，其下是鲜红油润的鲜血旺，浸泡在汤汁里不见真身的是脆嫩爽口的豆芽菜，汤上面还漂浮着厚厚的一层剁碎的红辣椒。大大的一盆毛血旺盛在白底青花的大海碗里，十分诱人。

夹起一块最上面的牛百叶，脆嫩可口，香辣适度。再夹起一块半泡在红油汤中的毛血旺，油润的汤汁紧紧包裹着血块，鲜嫩爽滑，比牛百叶更加入味。比起原版，湘味毛血旺最大的区别就是减少了花椒的用量，而增加了干辣椒的用量，这样一来，这道以麻辣著称的菜肴的麻味就减少了，而辣味和鲜味却提升了，也更加符合长沙人的香辣口味。这家店的毛血旺还有一个特色，就是在汤底里加入了浏阳出产的豆瓣酱，那浓郁的豆香味让这盆毛血旺更鲜，也更嫩了。在入口之初的辣味过后，口中萦绕着的是欲说还休的鲜嫩爽滑。

人生在世，吃喝自然算是一件大事。而在这吃吃喝喝之间感受着湘人的智慧与创新，又别有一番趣味。

火宫殿（坡子街总店）

地址　天心区坡子街127号（近三王街）

电话　0731-85814228

脑髓卷

入口即化，甜润如蜜

在众多地方传统小吃中，各色卷子一直深受人们的喜爱，诸如蛋卷、春卷、菜卷等，都给人们的味蕾带来了别具一格的体验。而在众多的"卷"中，长沙当地的一种特色小吃却有着一个很特别的名字——脑髓卷。其实，脑髓卷与任何动物的脑髓都扯不上关系，而是将猪肉的肥肉和瘦肉分离之后，再绞成肉泥，冰冻以后卷成筒状，它的形状就如同脑髓一般，也因此而得名。

作为长沙的风味小吃，脑髓卷历史悠久，早在清朝乾隆年间，就在三湘之间享有盛名。据说，晚清年间的名士王壬秋就特别钟爱这款油润清甜的小吃，还专门为它写就了"谢弦杨笛祥华卷"的诗句。谢和杨都是当时名满三湘的民间艺人，其中谢的弦乐婉转动人，而杨的笛声则悠扬高亢。至于"祥华卷"则是脑髓卷的一个别称。

脑髓卷最初起源于湘潭。清朝年间，湘潭有一个姓石的人开了一家饭馆，名为"祥华斋"，脑髓卷就是他家的祖传点心。开店以后，生意日渐兴隆，天天宾朋满座。石氏的内弟张某眼见着姐姐家生意越来越红火，动起了心思，也跟着开了一家饭馆，取名为"样华斋"，因为招牌的名字近似，许多顾客不明就里，误以为是祥华斋的分店。加上这家店做出来的脑髓卷味道鲜美，用料讲究，几乎与祥华斋不差分毫，加之服务更加周到热情，还会为食客免费奉上一碗辣椒汤。一时之间，往来食客络绎不绝，生意逐渐超越了原来的老店祥华斋。祥华斋老板眼见着生意日益惨淡，就向县衙门指控张家新开的铺子盗用了他家的店名，破坏了他的营生。这案子当时闹得很大，甚至移交到了省府。省府传张家前去质询，张家反驳，"祥"和"样"二字不过是在音和形上近似而已。张家还专程带了脑髓卷给省府办案的官员品尝，尝罢，官员也连声称赞。如此看来，张家的营生之所以越走越顺，更多地在于味，而非投机取巧。最终，石家输了这场官司，由此一蹶不振，而张家的生意却越来越红火。于是，样华斋取代了祥华斋，而脑髓卷也逐渐用回了它的本名，祥华卷这个别称也逐渐被人们遗忘了。

想吃最地道的长沙小吃，去坡子街上的火宫殿总是不会错的，那里几乎网罗了长沙五花八门的各类吃食。就像我一个朋友打趣时说的，只有你不知道，没有它那里没有的。华灯初上，坡子街上人头攒动，各种美食的香味纠缠在一起，难分彼此，食欲在不知不觉间就被悄然打开了。顺着人流走，不一会儿就来到了火宫殿门口。作为一个对吃食情有独钟的老长沙，我已不记得这是第几次来火宫殿寻觅美食了。

作为火宫殿的总店，坡子街上这家店最是古朴大气。经过精心装潢的店门如同旧时的庙门一般，门口四平八稳地立着一口硕大的铜炉。我们点了脑髓卷、刮凉粉和臭豆腐等一众吃食。

不到十分钟，所有的小吃食就上全了。只见那脑髓卷摆放在一个小小的蒸笼里，乳白清润，软软趴趴的，扑面而来的热气里裹挟着猪油浓郁的荤香。火宫殿的脑髓卷选用的是三分瘦、七分肥的肥膘肉，剁成肉茸以后还加入了白砂糖。经过蒸煮以后，白砂糖融化在了肉馅里，轻轻咬一口，肥而不腻的肉香里还有一丝丝清甜，真可谓是入口即化、唇齿留香。

天下第一光头粉

地址　天心区学院路51号
电话　15074815187

光头粉
幼时记忆里的味道

长沙，是一座古老而具有韵味的城市。在这座古城里走街串巷，寻找民间最地道的味道、最长沙的味道，最不可错过的就是一碗热气腾腾的米粉。因为长沙的一天，总是从一碗米粉开始的。

天刚蒙蒙亮，当街的小铺子就纷纷亮起了灯，在黎明的晨曦里如此温馨。不过早晨六点钟左右，小铺子里就陆陆续续有客人了，点上一碗米粉，随意加上一些码子，埋头一阵吃，一顿暖和而满足的早饭就解决了。

光头粉，顾名思义，就是简简单单煮出来的很清淡的米粉。然则，光头粉看似简单，实则很费心思。汤底一般都要选用最地道的骨汤配方，长长的一大根猪骨头放入清水当中，熬煮整整一晚上，才能熬成乳白色的骨头汤底。再将顺滑而富有弹性的长沙米粉在滚水中轻轻一过，时间也要把握得恰到好处，时间太短，米粉会有些生涩，时间太长，米粉又会失去了原本富有弹性的口感。煮好的光头粉盛在大大的白瓷碗里，再点缀些许青葱或是香菜，老长沙人最原汁原味的光头粉就出锅了。接着，食客们可以根据自己的喜好随意添加剁椒、榨菜、酸豆角、酸萝卜、芹菜末等，还有各种酱料，搭配出自己最喜欢的味道。因此，老长沙人经常说，有一千个人就有一千种不同风味的光头粉。光头粉如此简单，却又如此诱人，就在于它没有固定的、一成不变的风味。

一日傍晚，我和友人在书院路上闲逛，路边一家粉店叫"天下第一光头粉"，看见这个名字，我和友人不约而同地笑了起来。正好也感觉有些饿了，二话不说我们就走进了这家店，打算尝尝这个"天下第一"到底是不是名副其实。

在饭店前台的右侧坐着一位戴眼镜的高瘦男子，他远远看到我们来，便起身来迎："两位美女，吃点什么？有光头粉！还有凉菜！"在他的热情招呼下，我们坐了下来。店铺不大，大约只有20平方米，密密麻麻地摆放着好几张桌子，上面早已摆放好一次性碗筷。我们是冲着店名而来的，首先要点的肯定是光头粉，然后再点凉菜，凉菜用一个个小碟子盛着，随点随上。不过几分钟光景，几碗热气腾腾的光头粉就端上来了。

大海碗盛着白白的米粉，里面的汤汁乳白鲜浓，一股醇正的猪油香味早已扑面而来，牵动着每个人的食欲。举起筷子，轻轻从碗底捞起米粉，露出下面晶莹透亮的猪油、红彤彤的干辣椒和黑色的酱油。反复上下搅拌几次，佐料被均匀搭配好，白色的米粉上泛着油亮的光芒。这时，总算可以正式开吃了。而小小的铺子里，早已弥漫着令人垂涎的浓郁香味。

我吃过很多家的光头粉，数这家的味道最醇，香气最正。转眼夜深，我们二人打着饱嗝满心欢喜地从小店里走出来。而"不夜城"长沙一天之中最兴奋的光景才刚刚开始。回过头，看着"天下第一光头粉"的招牌在夜色之中若隐若现。

> **毛坨子老店**
> 地址　天心区学院街40号
> 电话　13207482418

猪油拌粉
最是原汁原味

　　长沙人爱吃米粉，早已名声在外，光是街头大大小小的米粉店就有数百家。在这几年里，长沙米粉界有一种主打朴素怀旧的米粉异常受欢迎，成了人们一日三餐吃粉的首选。更有甚者，到了晚上九十点钟，还会趿拉着拖鞋，去楼下的夜市排档里买上一碗这种米粉来吃。这种米粉就是许多老长沙人童年里最美好的记忆——猪油拌粉。

　　猪油拌粉的食材和它的名字一样简单明了，就是粉和猪油。沿街的米粉铺子里最常见的猪油拌粉，就是先将猪油以文火烧热，再与辣椒、大蒜等一起以急火爆炒，再佐以盐、酱油等调料。另起一锅，将宽米粉在热水中烫熟，捞起放入已调好的猪油汤里，再撒上些许葱花或香菜来提味。一份油光水亮的猪油拌粉就做好了。记得小时候，放学回到家中，我已饥肠辘辘，但母亲尚未准备好晚饭。于是，母亲就花上三五分钟，为我拌一盘简单又可口的猪油拌粉。我端着碗，"哧溜哧溜"地吸着米粉，吃得心满意足。

　　虽然近几年来这碗朴实无华、实实在在的猪油拌粉才成了喜欢吃夜宵的长沙人的心头好,但它却在历史的风雨里走过了许多个年头。据说,早在民国年间,猪油拌粉就已经是两湖地区的人们常吃的主食了。那时候,人们生活清贫,好长一段日子才能吃上一顿肉。人们将猪肥肉炸成油,用盅或瓷罐子将晶莹透亮的猪油储存起来。赶上天气冷的时候,猪油很快就凝固了,因此可以储存很久。剩下的猪油渣还可以用来炒菜。每当到了饭点时,为了图省事,人们就随意地在热水里煮一把米粉,再从盅里挖出一小块乳白透亮的猪油来,放入滚烫滚烫的米粉之中,再加入一些盐巴或酱油用来调味。随意地搅拌一下,油亮浓郁的猪油紧紧地包裹着软糯顺滑的米粉,甚至连配菜都不需要,就可以吃下一大碗米粉。在旧时,长沙人之间还流传着"能吃上一碗猪油拌粉就是好日子"的说法。可见,猪油拌粉看似平淡无奇,却在旧时斑驳的岁月里承载了许多人对食物的美好回忆。

  长沙卖猪油拌粉的馆子足足有百十来家,虽然各家的风味不尽相同,却大多延续了猪油拌粉浓郁荤香的特色。这次,我们去的是位于学院街的毛坨子老店。这个地段市井气息很浓厚,街道弯弯曲曲的,周围耸立着很多高楼,很容易就被人遗忘。但是,只要提起毛坨子,爱吃猪油拌粉的吃货们的味蕾马上就会被唤醒。这是沿街的一个小小门店,但窗口外总是有人在排队,去得晚了,猪油拌粉很可能就已经卖完了。

  不过那天我们运气比较好,到那里时,几种不同口味的猪油拌粉都还在出售。这里的猪油拌粉有三种口味:原味、麻辣和香辣,辣度依次递增。我们原味和香辣各点了一碗,分量刚好适合两个人尝尝鲜。刚出锅的猪油拌粉还有些烫,猪油化得很充分,将米粉浸得油光水亮的,猪油香、酱油香、卤汁香和葱香混合在一起,仿佛成就了一曲奇妙的交响乐,一下子将沉睡的食欲彻底叫醒了。大口大口咀嚼着切成长条的手工粉,再来一个卤蛋、一只鸡爪,这样的标配连着吃三碗都不会腻。

  美食与记忆之间有着千丝万缕的联系。于老长沙人而言,一碗猪油拌粉就能勾起那段尘封许久的回忆,那醇厚朴实的味道也因此格外牵动人心。

> **黄姐小吃**
> 地址　天心区三星街23号
> 电话　13975867833

天心区　有一种暖直抵心房

白粒丸
最不缺的就是人气

在老长沙人心里，最有滋有味的日子就是慢慢过、慢慢吃，哪一种美味的小吃食浮上心头，马上就能吃到嘴里才是最幸福的。于我而言，生活在长沙，时常浮上心头的那一份美味就是白粒丸。这是长沙街头最寻常的一种民间小吃，是用大米磨成浆后搅成糊状，再制成圆粒状的米豆腐，色泽洁白，鲜香咸辣。

白粒丸食材单一，做工简单，很早以前就是长沙寻常百姓家的一道家常吃食。到了20世纪70年代末80年代初，有一位个体户对这道简单的吃食进行了精心改良，进而成就了长沙当地一种风味独特的小吃。这位个体户的小摊生意越来越红火，经常顾客满座，有人甚至愿意排一两个小时的队，就是为了买一碗他家的白粒丸。一时之间，白粒丸不仅在长沙古城风头无二，还在三湘四水声名鹊起，很多人开车从长沙路过，都会在小摊附近停下来，去品尝一下软糯爽口、鲜香爽辣的白粒丸。

这家的白粒丸用料十分考究，从不用含有杂质的碎米打磨米浆，而是

选用优质的整粒白米作为原材料。将浆搅成糊状时,干稀的度把握得也很恰当。如果太干,白粒丸就失去了富有弹性的口感;太稀,白粒丸则过于绵软,没有嚼劲。这样精心制作而成的白粒丸不仅有嚼头,而且形状浑圆,色泽洁白。这家的白粒丸之所以口味鲜美,除了以上种种原因,关键还在于汤汁和作料。要想保持白粒丸的鲜美多汁,就不能用开水做汤底,而要用肉骨头熬出来的浓汤。配的作料也很讲究,猪油、精盐、味精、榨菜、葱花、姜丝、辣椒、香麻油……七八种作料混合在一起,互相烘托,吃起来只觉得浓郁的油香味和淡淡的葱香味交织在一起,香味扑鼻,香辣爽口,味道格外鲜美。

到了90年代初,店主年事已高,摊位就停业了。不过在之后的日子里,长沙街头又陆陆续续开起了许多卖白粒丸的小铺子,虽然味道有些许差异,但都延续了白粒丸鲜嫩爽滑、鲜香爽辣的口感,让人吃罢一碗还觉得不过瘾。

幼时在家中,母亲也经常会做上一碗热乎乎的白粒丸作为早餐,味道倒也可口,但出于孩子心性,我还是更喜欢街头巷尾那些小铺子里的白粒丸。因为经那些店主之手做出来的白粒丸,香味更浓郁,辣味也更霸道,汤汁里的香辣味完全渗透进了白粒丸中。直到去北方念大学,我还经常在吃早饭的光景里想念起那一口白粒丸。

在长沙吃白粒丸,我推荐三星街上的黄姐小吃。在这里,如果是一个人解决一顿饭,简简单单点上一碗白粒丸,再加一份鲜肉蒸饺或是韭菜盒子,干稀搭配,就能吃得很满足了。烹饪白粒丸,最讲究的就是火候,不能丢失了米豆腐鲜嫩的口感。所以一碗白粒丸,下锅不到一分钟就可以出锅了。点

完菜不过五分钟，几样小吃食就都上桌了。这家的白粒丸很清淡，乳白色的汤底里躺着一颗颗软软糯糯的白粒丸，上面漂着许多葱花和辣椒。将一颗白粒丸送入口中，质地软嫩，里面渗入了热乎乎的汤汁，十分可口。

这一碗经过了岁月洗礼的白粒丸之所以让我们感动，不只在于食物本身的味道，还在于其中包含的记忆的味道。

五溪红小子虾蟹馆
（解放西路店）

地址　天心区三兴街永安宝
　　　苑一楼106号
电话　0731-89720225

嗍螺
炎炎夏日的一把火

　　来过长沙的人，都说这是一座幸福指数很高的城市，除了慢悠悠的生活节奏之外，自然也离不开这里各色美食的"功劳"。长沙的夜生活很丰富，但是比起纸醉金迷，长沙人更愿意找一家当街的大排档，随意地坐在梧桐树下，吃上几道香辣爽口的小菜，再喝上几杯冰凉爽口的啤酒。这大抵就是长沙人心中最完美的夏夜休闲了。而在这花样繁多的夜宵之中，有一道美食是不容错过的，那就是鲜嫩香辣的嗍螺。

　　所谓嗍螺，顾名思义，就是用嘴嗍着吃的田螺，这一道口味较重的风味美食的身影活跃在长沙大街小巷的夜市之中。到了盛夏时节，夜幕降临，长沙市民在家中再也坐不住了，成群结队地来到街边，吃嗍螺，喝扎啤，一边胡吃海喝，一边随性闲聊，好不快活。长沙风味的嗍螺味道香辣，还有一股浓郁的紫苏香味。将嗍螺的肉嗍出来以后，脆生生的，格外爽口，让人欲罢不能。还有一些吃了半辈子嗍螺的老长沙人会告诉你，嗍螺的精华不在于那一小口鲜嫩白脆的肉,而是壳里那一点点香辣诱人的汤汁,有点辣,还有点香,让人食之不忘。近几年,长沙的嗍螺还传入了广东、福建等地,当地的嗍螺经过了改良,放的是糖和不辣的青椒,吃起来带着微微的甜味,别有一番风味。

小时候,到了夏日,家中若是有客人来访,母亲也会去买上一两斤新鲜的田螺,做成嗍螺待客。一般,嗍螺要先用清水喂养两天,每天还要记得换两三次水,这是为了将田螺里的泥沙和泥腥味都去除掉。等泥沙都吐干净了,母亲手脚麻利地将田螺倒入开水中焯一遍,等田螺上那一小片盖子差不多脱落了,再倒入凉水之中过凉备用。母亲说,嗍螺好吃就在于口味要重,还要入味,因此在调料方面绝不能含糊。要先将姜末、八角、香叶、桂皮、蒜末和干红辣椒一同在锅中炒出香味,再与田螺一同爆炒,再加入少许高汤焖煮片刻,起锅之前放入紫苏叶提味。于是,一盘热气腾腾、鲜嫩香辣的嗍螺就做好了。记得那时候,我总是片刻不离地等在锅灶旁边,嗍螺一起锅,就忍不住要先尝上一个。

虽然已经长大了,但每年夏天的夜晚出去吃嗍螺仍是我的一项保留节目。长沙的夏日格外炎热,经常连续一周都持续三十五六摄氏度的高温,食

欲也大打折扣。只有到了晚上太阳落山后,被炙烤了一整天的大地才恢复了些许凉意,也觉得有了些胃口。吃嗍螺,我最爱去的是位于三兴街上的一家叫五溪红小子虾蟹馆的饭店。这家店除了虾蟹做得地道外,嗍螺也名声在外,凉菜和热卤的口味也很不错,而且那一条街上的梧桐树已经有些年头,晚风一吹,凉意顿生,是一个酷暑消夜的好去处。

约上两三个好友,慢悠悠地来到这家店。点上一大盆嗍螺,再配上猪耳朵、猪尾巴、豆腐干等热卤,再来一盘绿油油的空心菜,一顿活色生香的夜宵就上桌了。一份嗍螺分量很足,大段的干辣椒、香叶、八角、桂皮夹杂在嗍螺里,夹起一个嗍螺,送到嘴边,用力地与嗍螺"亲吻"一番,它回馈给你的是鲜嫩爽口的田螺肉和鲜香麻辣的汤汁。头一回吃嗍螺的人很容易被浓浓的辣味呛到。连吃了几个,不得不称赞这家的嗍螺处理得很干净,没吃到沙子,个头也大小适中,每一个里面都有田螺肉,几乎没有空壳的。还有一点我也很喜欢,就是这家的嗍螺保留了一些田螺本身的腥味,也许吃不惯的人会说有些臭,但其实这和肥肠的道理一样,没有一点儿独特的气味,它的独特又如何体现呢?尤其是分寸还把握得如此恰当,连吃几个,鲜美得恨不得将自己的舌头都囫囵地吞下去。

杨裕兴（三王街店）

地址　天心区三王街三王丽都大厦1楼（近坡子街）
电话　0731-82288192

原汤肉丝粉
清晨舌尖上的缱绻

　　米粉在长沙人的生活中占据着重要的位置，对于长沙人而言，一碗米粉除了是每日清晨舌尖上的缱绻，也是一天里幸福感的开端。形形色色的米粉铺子遍布于长沙的大街小巷。很多长沙人出差回来的第一件事并不是赶着回家，而是直奔家对面或是楼下的米粉铺子，点上一碗热气腾腾的米粉。长沙人管吃米粉叫"嗍"粉。日复一日里，嗍粉已成为长沙人的一种习惯，这个"嗍"的动作一日不重复，就觉得这日子少了些味道。可以说，长沙街头的米粉店比电话亭还要多，在这形形色色的米粉之中最让我割舍不下的还是一碗香浓味正的原汤肉丝粉。这种舌尖上的诱惑是最原始的，也是最直接的。

　　提起嗍粉，老长沙人的第一反应就是去杨裕兴，这家传承了百余年的老米粉店里，承载着一代又一代长沙人关于米粉的美好回忆。早晨不到七点钟，位于三王街的老字号米粉店杨裕兴早已肉香扑鼻，不少赶着去上班的人特意停下车来，匆匆步入店中，点上一碗肉丝粉，开始忙碌的一天。只见老板舀出锅中翻滚的肉汤,将碗里翠绿的葱花化开,再将刚刚从开水中捞出来的米粉放入肉汤之中,短短一分钟的时间,一碗清清爽爽的肉丝粉就完成了。吃客们从老板手中接过肉丝粉,来到挨着墙摆着的小长桌前,根据自己的口味撒上一些蒜蓉,舀上一点儿剁椒,再加一些酸豆角或榨菜,一碗地地道道的老长沙味道的米粉就这样诞生了。而这一碗热气腾腾的米粉让清晨赶来觅食的食客幸福感爆棚。

长沙的米粉花样繁多,光是汤粉就有蒸码子、炒码子等诸多品种,让你数都数不过来。而一碗好的肉丝粉,绝对是检验一家粉面馆是否合格的重要标准。作为一家老字号,杨裕兴家的肉丝粉很受欢迎,这家店早晨六点左右开门,如果上午十点多再去,肉丝粉可能早就卖完了,只能第二天再去。

和众多长沙人一样,我也是杨裕兴的常客。前段时间工作日轮休,一觉睡到了上午九十点钟,我才晃晃悠悠下楼觅食。轻车熟路地走入杨裕兴,这时早已过了饭点儿,店里只稀稀疏疏坐着几位食客。我点了一碗原汤肉丝粉,一边嗍粉,一边与坐在一旁的老板闲聊。一碗简简单单的肉丝粉,杨裕兴做出来为何会几十年都经久不衰呢?老板告诉我,其中的秘诀就在于绝不能偷工减料:"很多人跟我抱怨,这几年长沙的米粉都变味了,我觉得其实是因为很多地方都偷工减料了。比如,我用的这个肉汤,我都是从头一天就

开始用文火慢慢熬，里面放了五花肉、瘦肉、筒子骨、脊骨和鸡架。用料一定要足，还要新鲜，你要是一大桶子汤才放一只鸡，那味道肯定就寡淡了。还有就是火候，一定要恰到好处，要熬足一个晚上，这样汤头韵味才足。这肉丝粉里的肉丝其实是几个不同部位的猪肉，这些猪肉的口感略有不同，层次分明。"

听着老板的话，我忙低头嗍了一口粉，只觉得汤底浓郁清香，不咸不淡，恰到好处，汤汁的香浓味完全浸透到了粉里，让粉的口感更加顺滑。而杨裕兴家的肉丝粉之所以红火，还在于它的配料也尽可能地保持了原汁原味。将剁椒和蒜末送入口中，辣味十足，地地道道，一尝就知道是人工一点点切出来，而不是放入机器中搅出来的。只有用手工切，才能切得够细，而同时放入汤汁里还能又入味又有口感。

一碗肉丝粉看似简单，却最需要耐心。细细回想，几十年来，杨裕兴的肉丝粉的味道一如既往，这碗质朴的美味当中蕴含的正是人们对老味道的一种坚守。

谢光头辣椒炒肉
（南郊公园店）

地址　天心区书院南路115号（南国新城群楼A座一楼）

电话　0731-854991111

辣椒炒肉

越怀旧越经典

在老长沙人心里，辣椒炒肉不仅是一道最常见的家常菜，还代表着长沙最家常的生活。细细咀嚼一盘刚出锅的辣椒炒肉，可以更深入地感受长沙人质朴而丰富、自由又散漫的惬意生活。一碗辣椒炒肉，既包含了湖南本土辣椒特有的清香，还蕴含了猪肉特有的乡土荤香，它的精华还在于油汤，这有滋有味的油汤将辣椒的清香与猪肉的荤香完美地融合在了一起。一盘再简单不过的辣椒炒肉，虽然满是质朴的乡野之气，但一顿饭吃下来，只觉得自自然然、酣畅淋漓，每个人都忍不住再添上一碗米饭。

小时候，我有些挑食，米饭匆匆扒拉几口，就不愿意再多吃。但我爱吃辣椒炒肉，翠绿的辣椒，香辣的猪肉，再将浓郁爽辣的油汤与米饭泡在一起，瞬间满满一碗饭就下了肚。于是，每当母亲想不起来究竟要做什么菜肴时，三五根新鲜辣椒、二三两鲜嫩猪肉，这就是她最爱从冰箱里翻出来的两样食材。辣椒切成细细的丝，猪肉切成薄薄的片，十来分钟，母亲就能利利索索地端出来一道辣椒炒肉。

就和蛋炒饭一样，在长沙街头的任何一家湘菜馆子里，作为家常小炒的辣椒炒肉都是一道短短几分钟里就能端上桌来的菜，甚至寻常无奇到菜单上也许都不会有它的一席之地。但就是这道最简单的家常小炒，却最考验厨师的功力。

说起吃辣椒炒肉，除了母亲亲手炒的，我最喜欢的还是风靡长沙的谢光头辣椒炒肉。这家小饭馆直接以辣椒炒肉命名，最初的第一家于1977年开在长沙水泵厂附近。谢光头家除了辣椒炒肉之外，还有香辣土豆丝、豆腐炒肉、小炒黄牛肉、老干妈腰花等一系列湘味十足的家常小炒，深受长沙当地人喜欢。这种大众而家常的味道很快吸引了大批的粉丝，他家成了长沙当地以物美价廉、上菜速度快而知名的餐饮店。每当到了饭点，尤其是工作日的中午，谢光头家几乎座无虚席，很多周围上班的人会来这家店觅食，两三个人，点上一盘辣椒炒肉、一盘香辣砂锅豆腐，再来一盘空心菜或是红菜薹等时令蔬菜，一人一碗米饭，香辣爽口，热气腾腾，人均不过二十来块钱，既实惠，又美味。

第一次去谢光头家吃辣椒炒肉，是和高中时的同桌一起去的。那时，我们还在读大学，正逢暑假。长沙连续几日都是三十五摄氏度以上的高温，我每天窝在家中，吃上几口西瓜，喝上几口绿豆汤，即使吹着空调也没什么胃口。同桌约我外出觅食，神神秘秘地拉着我来到一家小饭馆门口，说这里有长沙最好吃的辣椒炒肉，香辣开胃，再热的天气也能吃下两碗米饭。

我俩在饭馆里找了个靠窗的位置坐下，点了辣椒炒肉，外加一盘酸辣土豆丝，一人一碗白米饭。果真名不虚传，不到五分钟，热乎乎的饭菜都上齐了。翠绿绿的辣椒点缀着香喷喷的肉，盘底一点点油汤，让人食欲大开。夹起一筷子辣椒，大口咀嚼，辣椒边缘被急火炒得有点焦，清爽的辣味里还带着浓浓的香味。再夹一筷子肉丝，放在米饭上，淋上一点点汤汁，肉鲜嫩多汁，汤香辣浓郁，配着热乎乎的白米饭，在酷热的天气里让人大呼过瘾。

从此以后，每当到了长沙最热的天气，我总愿意来到谢光头家吃上一盘辣椒炒肉，配一碗白米饭。香辣可口，热气腾腾，吃出一身汗来，暑气也消散了一大半，这便是夏天里最美味、最诱人的念想。

湘潭九龙鱼头店（城南西路店）

地址　天心区城南西路41号（近天心阁大酒店）

电话　0731-85120413

姜辣蛇
真正的无辣不欢

　　常言道，"秋风起，三蛇肥"。秋风乍起，金风送爽，为了冬眠，蛇也储存了足够的营养。因此，每逢金秋时节，蛇肉最为鲜美肥厚，也最滋补。到了秋天吃蛇的好时节，每天晚上到了九十点钟，就是整个长沙夜市最热闹欢腾的时刻。流连于长沙街头的大小夜市，几乎发现每一桌的正中央都摆着一盘姜辣蛇。

　　众所周知，广东人素有吃蛇的传统。早在十几年前，湘菜还对食蛇避而远之，而如今，除了广东，恐怕再也找不出一个地方，像长沙人这般爱吃蛇了。

　　姜辣蛇起源于长沙周边的宁乡，而后才传入长沙。宁乡人原本也不吃蛇，蛇肉向来被人们视为不能登大雅之堂的食材。偶尔有人在乡野间抓了蛇，也只是将蛇倒挂在树梢上，杀死去皮，然后在野地里随意地垒砌几块石头，架上一口铁锅，用清水一炖，放上些油盐，再撒一把胡椒粉。即使是清汤寡水，这蛇汤照样肉嫩汤鲜，味道卓绝，但敢于尝试的人并不多。到了20世纪90年代，宁乡有个人名叫胡建民，他年轻时候做过铁匠，后来在村口开了一家小饭馆，专卖姜辣蛇。一时间，姜辣蛇的生意做得风生水起。经胡建民之手烹饪而成的姜辣蛇汤汁鲜嫩诱人，蛇肉韧劲十足、肥美丰厚，堪称绝味。由此，姜辣蛇的名气愈来愈大，并成了长沙人用来宴请宾客的一道佳肴。

每年到了入秋时节，我肚子里的馋虫也会定期冒出来，提醒我该去寻觅一家饭馆好好吃一顿鲜美丰厚的姜辣蛇了。吃姜辣蛇，我喜欢去湘潭九龙鱼头店，顾名思义，这"龙"指的就是姜辣蛇，而这"鱼头"就是剁椒鱼头，这家饭馆的招牌菜就是在长沙最受欢迎的姜辣蛇和剁椒鱼头。

来到九龙鱼头店，扫一眼店里食客们桌上的菜，鱼头倒是未必桌桌都有，但姜辣蛇却几乎是桌桌都有。可见，来长沙要想尝一尝最热辣欢腾的姜辣蛇，来这里是不错的选择。

我们一行三个人，点了招牌姜辣蛇、空心菜梗炒油渣、砂锅腊肉花生苗，荤素搭配，热气腾腾。不到二十分钟，几个菜依次上桌。这里的姜辣蛇装盘十分朴实厚道，就用一个大大的不锈钢盆盛着，价格按照蛇肉的重量来算。辣度可以自己选择，对于我这种无辣不欢的人来说，中等辣度就已经很过瘾了。

九龙鱼头店的姜辣蛇选用的是花蛇，去皮切断，以干红辣椒、大料、香叶、番茄酱、青红尖椒和葱姜配料一同煨熬。大火煨炒后，再以文火慢慢熬煮入味。端上桌来，只见偌大一个不锈钢盆里全是红艳艳的辣椒，肥美的蛇肉段已在汤汁里被浸得通红发亮，紧实的蛇肉隐约泛着闪闪油光。我忙招呼着朋友，夹起一块蛇肉，顺势咬一口，蛇肉鲜嫩无比。那种辣味已经渗透到蛇肉之中，食后方才察觉，辣得人倒吸一口凉气又欲罢不能。

美食总是与四季的交替息息相关，每到金秋时节，体内对于美食最原始的冲动就蠢蠢欲动。这时，不如走上长沙街头，寻一家人声鼎沸的馆子，点上一份热辣欢腾的姜辣蛇。

仙都辣酱鸭（悦荟广场店）

地址　天心区黄兴南路445号
电话　13975894940

香辣酱板鸭
岁月里的下酒菜

  酱板鸭可以说是长沙的一道名菜，最地道的香辣酱板鸭，要用三十多种名贵中草药以及十几种香料和作料浸泡，再经过风干、烘制和烤制等十五道程序才能制成，真可谓是用时间和心血造就的美味。经过一系列繁复的制作工序，香辣酱板鸭的成品色泽呈深红色，皮肉酥脆，酱香浓郁，滋味悠长，除了是一道佐酒的佳肴之外，还是送礼的佳品。

  这道风靡大江南北的香辣酱板鸭历史悠久。据说，当年楚国的宫廷里有一位厨师名为石纠，厨艺高超，菜肴凡经他之手，都味香色美，让人垂涎。无论是楚王，还是内臣外宾都对他的厨艺赞不绝口。石纠家中还有一位六十多岁的老母亲，因为石纠在楚宫里做事，他母亲只能独自一人生活。一日，石母在河边洗衣，不慎跌入河中，幸亏有几个放鸭的人将她救起。上岸后，石母落下了病根，多亏邻里悉心照料，才有所好转。不久后，乡亲们捎信到宫中，将此事告诉了石纠。

石纠是出了名的孝子，他闻讯后匆忙赶回家中。石纠一边照料母亲，一边计划着要为邻里做点事情作为报答。他见乡亲们养了不少鸭子，但是鸭肉和鸭蛋都值不了几个钱。于是，他就用在宫中酱制天鹅和禽蛋的手艺来加工鸭肉和鸭蛋，将其做成了酱板鸭和酱蛋。街坊邻居尝了以后都说好，还拿去集市上卖，不一会儿就一抢而空。而楚宫那边，自从石纠回乡后，烹饪质量大不如前，楚王也食之无味。于是，宫中派人寻到了石纠，让他回宫。为了尽孝，石纠拒绝了宫中的差事，并捎了一些自己制作的酱板鸭和酱蛋送给楚王。楚王品尝以后大为称赞，对于石纠孝敬老母亲、报答乡亲的这份情义更是赞不绝口。他传令下去，将酱鸭蛋和酱板鸭赐名为"贡品酱鸭蛋""贡品酱板鸭"，并由石纠负责生产以供应楚宫。而石纠制作酱板鸭和酱鸭蛋的传统技艺也一直流传到了今天。

作为长沙的传统特色小吃，要吃香辣酱板鸭，当然是有底蕴的老字号仙都辣酱鸭是首选了。这是长沙最正宗的经营辣酱鸭的连锁店，据说在长沙已经有百余家分店，可见其受欢迎程度。我们来的这家店在黄兴南路上，可带走，可堂食。我们一行三人来到店里，点的都是这家店的特色菜品：香辣酱板鸭、去骨鸭爪、牛筋豆腐，外加一人一瓶啤酒。

香辣酱板鸭是端上桌的第一道菜，红润光泽的酱板鸭被切成长条的块状，码放在长方形的盘子里，下面点缀着青菜，红红绿绿，相互映衬。我和好友们都觉得有些饿了，举起筷子开始品尝这道美味。酱板鸭初入口，是恰到好处的辣味里透着微微的麻味，细细咀嚼，紧致顺滑的鸭肉里又透出些许的甘甜。听朋友说，这家店的酱板鸭在烘烤之前，在鸭肉通体都刷上了厚厚的一层地道的农家蜂蜜，还在鸭的腹腔内塞入了上好的冰糖，一则是为了上色更漂亮，二则是为了中和掉浓烈的咸味和辣味，口感咸香爽辣之中还带着淡淡的甜味，更加可口。

火宫殿（坡子街总店）

地址　天心区坡子街127号（近三王街）

电话　0731-85814228

姊妹团子

甜咸两相宜

几乎每一个长沙人的童年美食记忆中都少不了好吃又好看的姊妹团子。姊妹团子是长沙的一种传统小吃，分为甜味和咸味两种馅料：甜口的用白砂糖、桂花糖和红枣泥制成；咸口的用五花肉剁成的肉馅配上香菇制成，调制肉馅用的是泡发香菇的水，因而味道格外可口醇香。

汇集了各色小吃的坡子街火宫殿也是长沙城最初卖姊妹团子的地方。相传，20世纪初，年轻貌美的姜氏姐妹在长沙火宫殿的坪场里摆了一个摊位，专卖一种香甜诱人的团子。经她们的巧手做出来的团子既好看又好吃，人们吃过以后口口相传，不久之后，姜氏姐妹做的团子就赢得了"姊妹团子"的美名。姊妹团子色泽呈瓷白色，一个个小巧玲珑、晶莹剔透。糖馅的团子甜津津、香喷喷，吃起来却不腻，即使是小孩也能一口气吃下好几个。肉馅的团子鲜嫩可口，味道柔软糍糯，别有一番风味。

如今，想在长沙城里尝一尝最地道的姊妹团子，坡子街上的火宫殿仍是不二之选。这座位于天心区坡子街127号的建筑古色古香，入夜时分，红灯笼高高悬挂着，煞是好看。作为地标性建筑，火宫殿也很好找。尝完姊妹团子以后，还可以去长沙最著名的小吃街——坡子街上悠哉地品尝其他小吃。

前不久带着一位广州的朋友去火宫殿吃姊妹团子，他看到盛在小蒸笼里的小团子时感到很惊讶，说看上去与粤式早茶里面的甜点很相似，为何会出现在湘菜馆里呢？我跟他解释，姊妹团子只是看上去与粤式甜点近似，其实味道却大不相同。

圆乎乎、软糯糯的姊妹团子安静地躺在小巧的蒸笼里，有白皮的，也有黄皮的，一个个晶莹剔透，煞是好看。在其他以红红绿绿的辣椒作为主色调的湘菜的衬托之下，宛如一位窈窕淑女，十分美丽动人。论口感，在火宫殿辣味居多的众多菜肴当中，细腻香浓的姊妹团子也如同一股清流。论其造型，火宫殿的姊妹团子也是趣味盎然，糖馅的团子是蟠桃的形状，而肉馅的团子则是石榴的形状。如果碰上喜庆的日子，还会在糖馅的团子上撒上一些红糖丝，与白白净净的团子红白相映，十分悦目。

为了让朋友尽兴，我点了一甜一咸两种口味。口味淡的可以吃甜的，口味重的可以吃咸的，纵然众口难调，两种不同风味总是能轻松搞定。品尝美味也有次序，尤其讲究口味要由淡转浓，否则就会失其风味。吃姊妹团子也最好从甜口的开始。轻轻咬一口，最初的口感是细腻而香甜，再多吃几口，那软糯的口感与舌尖缠绵悱恻，姊妹团子的外皮是由糯米蒸制而成的，香甜软糯，回味绵长。

火宫殿美味的姊妹团子，做起来大有讲究。首先，必须将粉团表面揉至光滑；其次，炒糖馅的时候要用文火慢慢炒，如果用旺火则会煳锅，炒出来的糖馅也会失去甜润细腻的口感；最后，搅拌肉馅时要加入适量的水，而且要分次加入。

当你吃腻了长沙街头热辣辣的美味时，来一盘甜咸两相宜的姊妹团子是再好不过的。

罗记臭豆腐

地址	天心区坡子街与三王街交叉口
电话	13787246728

臭豆腐
让人又爱又恨

臭豆腐,是一种风味独特的汉族传统小吃。在中国南方许多地方,都有着风味迥异的各色臭豆腐,其中以湖南长沙的臭豆腐人气最旺。长沙的臭豆腐以油炸为主,当地人又称其为臭干子。这种臭干子色泽墨黑,外焦里嫩,鲜美而香辣。

臭豆腐距今已有几百年的历史。相传,清朝康熙年间,一个姓王的人每日磨豆腐沿街叫卖,而每每到了夏日,豆腐就很容易变质。因此,他将每日卖剩下的豆腐用盐腌起来,以防止变质。一天,他因有事外出,几日后回到家中,一股臭气迎面扑来,仔细查寻一番,才发现是豆腐已经变质,臭味就是由它散发出来的。但是,他舍不得将豆腐丢掉,就尝了一口,怎料这一尝顿觉满口香气四溢,臭豆腐也由此得名。到了清朝宣统年间,臭豆腐的辉煌达到鼎盛。据说,慈禧太后爱臭豆腐爱得不行,还专门赐给臭豆腐一个更文雅的名字,即"青方"。

回首孩提时代,长沙的街头巷尾总有人支起一个小小的摊位,架起一只小小的锅,里面的油烧得滚烫,一块块墨色的臭豆腐被油炸得鼓鼓囊囊的,那股臭豆腐独有的味儿飘散得很远。放学后,和小伙伴一起回家,路过这些小小的摊位,总是忍不住买上一串。轻轻咬开酥脆的外皮,里面雪白的豆腐混合着辣椒油和蒜汁的香浓,吃完一串,还大呼不过瘾。

　　臭豆腐好吃,究其原因,还在于那一坛子上好的卤。卤的制作方法很复杂,不但要用新鲜的蔬菜腌制使其自然发酵,在腌制和发酵的过程中,还要不断加入各种精心调制的香料,不耗费几年的时间和心力,实在称不上是一坛子老卤或好卤,只能称之为清卤。而真正的好卤,一般得有20个年头以上。长沙的臭干子名声在外,不仅长沙本地人颇为青睐,还吸引了数不清的外地食客,其特点是"黑如墨、香如醇、嫩如酥、软如绒",而要达到这种至高之境界,那一坛上了年岁的老卤至关重要。长沙臭干子在下油锅之前要先用卤水泡过,卤水中要掺入鲜冬笋、香菇,再配上浏阳豆豉和上好的白酒等。豆腐在这种发酵水中浸泡后,就逐渐成了青墨色的臭豆腐干,再放入锅中,用茶油经文火炸至微微焦黄,一道最地道的长沙臭干子就新鲜出炉了。走街串巷时,还会发现长沙臭干子有另一种吃法,就是用文火将臭干子炸焦后,再给豆腐钻上孔,灌入辣椒油和蒜汁。其口感外焦里嫩,辣味十足,那股独特的臭香味也格外浓郁。

　　作为一个生在长沙、长在长沙的湘妹子,我和大多数长沙人一样,是吃着臭干子长大的。细细回想,在吃过的众多臭干子里,最地道、最过瘾的还要数位于坡子街的罗记臭豆腐。长沙坡子街是一条拥有1200多年历史的街道。如今街道传承着湖湘文化,是一条在长沙当地颇有知名度的民俗名食街。所谓酒香不怕巷子深,这家以臭豆腐而远近闻名的小铺子就位于坡子街的一个角落里,和它周围的许许多多小铺子一样,日复一日地为来来往往的食客提供着最地道、最实在的湖湘美食。

　　缓步于坡子街,我们一

寻味长沙

路溜达着,一路随意地吃着沿街小食,终于来到了火宫殿旁这家毫不起眼的罗记臭豆腐。虽然是工作日的下午,但这家以臭豆腐而闻名的小铺子还是像平时一样,排着长长的队伍。排了十来分钟,终于轮到我们了。七块钱一份,有十来块臭干子,盛在小盒子里,再撒上一些酸萝卜。轻轻咬上一口,外酥里嫩,臭香四溢,无论时光如何变迁,这家老字号的臭干子的味道却还是那么回味悠长。吃完一份,继续沿着坡子街向前走,还能接着觅食。足足走出去几十米远,仍能闻见罗记飘散的那股独特的香味。罗记就静静地立在经过了千年风雨的坡子街,与那绵远而浓郁的香味一起,成了坡子街的一抹底色。

奇峰阁酒家

地址　天心区中域蓉城3楼
电话　0731-82220818

响铃腰花
清水出芙蓉

在长沙，腰花最传统的做法是酸辣口味。酸辣腰花以爆炒烹饪而成，重在口味。将猪腰子切成小块，横竖片出一道道均匀的刀花，再与剁椒、干辣椒、姜丝、蒜末一同爆炒，酸辣脆嫩，香味浓郁。而奇峰阁酒家的响铃腰花，却别具特色。奇峰阁酒家除了烤鸭之外，"练家子"就是这道响铃腰花，烹饪方法就是用清水煮，再配上一小碟蘸料。

据说，奇峰阁酒家的厨师每天一大早就会去菜市场挑选最新鲜的猪腰子。买上数个猪腰子，从中间剖开，将其中白蒙蒙的一层筋状膜去掉，只留血色而不留白。清洗干净后切腰子，三片一刀，留尾端相连，形状恰似凤尾。食客们品论一道腰花的品相好不好，常提及"凤尾腰花"，说的就是品相上乘的腰花应该如同凤凰飞舞之时展开的尾巴一样。将切好的腰花放入冷水之中清煮，沸腾后约一分钟，就可以捞起出锅了。

到这里，可别以为就大功告成了。这只是"掸水"而已，也就是在水中将腰花焯熟,因为腰花带着腥味,若非如此,就难以去除。当然,在将腰花焯水之前,还可以用料酒清洗挤捏,再放入十几粒花椒,与腰花一同在水中煮沸。这样一来,腰花的异味就消失得无影无踪了。

但见这响铃腰花干干净净、清汤寡水,有人禁不住要问,难不成是要尝一尝这原汁原味的猪腰子吗?而奇峰阁酒家的响铃腰花之所以出名,其精华就在于那小小的一碟蘸料。只要将味碟调好,就可以大快朵颐了。奇峰阁酒家的响铃腰花以"脆、嫩、鲜"而著称,腰花配的味碟分为辣和不辣两种,基本料包括蒜末、酱油、精盐、味精,以及些许浏阳的豆豉。可以根据个人口味自行选择辣或不辣,嗜辣的食客可以在味碟中添入切碎的红辣椒和青辣椒。

头一次来奇峰阁酒家吃响铃腰花,是朋友圈里以乐吃、善吃而著称的小孟带我来的。焯过水的新鲜腰花装在一个黑色的瓷碗里,淡淡的鲜红色,呈现出一派原始状态。小孟在来的路上就已向我普及了响铃腰花的烹饪过程,但我仍咬着筷子,看着这还隐约透着血丝的腰花有些许犹豫,期盼着旁边的人能成为第一个吃"螃蟹"的人。

对于南北吃食,小孟果然毫无畏惧,他开了头炮,举起筷子夹起一大块还冒着热气的腰花,再往味碟里一蘸,大口咀嚼起来。他一边吃,一边做闭目陶醉状,不用他说,这响铃腰花的味道也一目了然了。

我夹起一筷子腰花就往嘴里送,腰花本身的味道鲜嫩爽脆,加上味碟里的百般滋味,这爽滑诱人的滋味在我的牙齿间、舌尖上不断挑逗,有一种欲说还休的快感。唯有亲口尝过这响铃腰花,方能领会那区区一分钟的焯水过程是何等精妙。焯的时间过短,腰花的腥膻味难以除尽;焯的时间过久,腰花的鲜嫩口感尽失,而且肉质变老。可见,要想做好这道响铃腰花,时间和火候都要把握得恰到好处。

细细品味着响铃腰花,悠然之间想起了长沙人经常提起的那句话,"请君暂上奇峰阁,吃个湘菜老味道!"

> **胡锦记广东肠粉**
> （南湖路店）
>
> 地址　天心区沙湖街2号
> 电话　15364063366

天心区　有一种暖直抵心房

长沙肠粉
甜咸之外别有天地

长沙是一座极具包容性的城市，在这里能尝到天南海北的各色美食。无论是麻辣鲜香的川味，还是精致小资的本帮菜，再或者粗犷豪放的东北菜，都在长沙琳琅满目的美食地图上占据着一席之地。而在无辣不欢的长沙，粤菜居然也站稳了脚跟，它靠的并不是鲜美营养的汤汤水水，而是颇有南国风情的小吃。而在众多的粤式小吃里，最受长沙人欢迎的是经过改良的肠粉。

肠粉并不是用猪大肠包起来的粉，而是将粉浆放在蒸笼里蒸，上面铺上馅料，再用粉皮滚裹而成。所谓的肠粉，其实只是因为形似猪大肠而得名。究其根源，肠粉是起源于广东的一种汉族特色小吃，早在清朝末年，广州的街头巷尾就已回荡着肠粉的叫卖声了。其实那时，粤式肠粉分为甜口和咸口两种，咸味的肠粉的馅料主要是牛肉、猪肉、猪肝和虾仁等，而甜味的肠粉的馅料则主要是各种浸过糖的果蔬，再与炒香过的芝麻一起拌匀。肠粉分为好几种，其中最受欢迎的是布拉蒸肠粉。在广东，肠粉是一种街坊之间经常享用的寻常不过的美食，它味道鲜美，价格低廉，老少皆宜，上至五星级高级酒店，下至毫不起眼的茶楼小摊，几乎都出售肠粉。

而长沙的肠粉，为了适应本地人的口味，已经进行过改良，与其说是醇正的粤式肠粉，不如说是湘味肠粉。在长沙吃肠粉，我首推胡锦记广东肠粉。胡锦记的老板名为胡辉诚，2009年，他将肠粉店开到了长沙，让这里的"草根吃货"们也能一饱口福。胡辉诚知道，湖南人嗜辣，这一盘小小的肠粉要想在长沙打开市场，除了要保留肠粉原本软糯咸香的口感之外，还必须要迎合湖南人的口味。于是，胡辉诚手下的厨师团队经过几个月的摸索和开发以及多次调整，最终推出了一碟小小的辣椒汁，作为肠粉的佐料。这一小碟辣椒汁却花了不少心思，要先将蒜末、姜蓉和辣椒末一同在油锅里爆炒，再放入从广东空运过来的当地香料，最终才成就这种辣度适中、香味浓郁的辣酱。

来胡锦记吃肠粉，最适合的时间是下午，也就是广东人喝下午茶的时间。如果是和好友两个人来，点上一盘长沙肠粉，再点上两杯奶茶，就能消磨掉一下午的时光。都说最好的肠粉应该是"白如雪，薄如纸，油光闪亮，香嫩可口"，胡锦记家的肠粉从色香味上都达到了这些要求，应该算是肠粉里的上乘之作了。而且老板在原料方面很舍得投入，每一份肠粉里面都会加入一个鸡蛋，这样一来，肠粉的口感就更加细腻了。这家的肠粉很是柔滑细嫩，用筷子轻轻夹起一块，在小碟子里均匀地蘸上辣椒汁，送入口中。香浓的辣椒味包裹着软糯可口的肠粉，这道已有数百年历史的粤式小吃又在长沙这片热土上焕发出了新的活力。

潭王府火锅

地址　天心区坡子街19号
电话　0731-83881111

湘辣火锅
烟火中的绽放

在长沙经常听到这样一句话，那就是"长沙人吃火锅，当然要到潭王府"。近几年来，长沙最火爆的火锅店当数潭王府火锅店。

2009年，第一家潭王府火锅店在坡子街开业了，特色虾滑以及王府鸳鸯锅让来来往往的食客大呼过瘾。

在潭王府多吃上几次火锅就能深切地体会到，这一口热滚滚的火锅已经不同于传统的重庆火锅，取而代之的是颇具长沙本土风味的"新湘派火锅"。潭王府对火锅底料进行了改良，从而成就了其独特的风味：第一，将重庆火锅惯用的牛油换成了长沙人喜爱的菜籽油，不仅味道更为香浓，而且天然醇正，吃起来也健康；第二，将重庆火锅传统的麻辣风味改为了辣多麻少，更符合长沙的本土风味；第三，火锅里的食材也加入了长沙人爱吃的鱼泡、茼蒿、冬苋菜等，就地取材，更为本土化。

寻味长沙

长沙古称"潭州"，以老长沙——潭王府历史蓝本作为依托，潭王府火锅将王府文化充分地运用到了餐厅之中。在设计上，餐厅效仿古风，亭台楼阁随处可见，还以砖、木、石材等建筑材料作为主体，力图重现王府的尊贵与气派。潭王府在长沙有多家门店，每一家门店均采取了截然不同的装修风格，将古典与现代完美融合。我们这次去的是位于坡子街的潭王府火锅。

踏入潭王府，内壁精雕细琢，门牌高大气派，处处都彰显着王府的贵气奢华。除了气派的装饰之外，这里的服务员也都身着宫廷服饰，嘴里说着"您吉祥"，热情地问候着来往的宾客。扫一眼菜单，光是火锅汤底就足足有七八种，既有风味独特的王府全清锅、王府鸳鸯锅、王府鲜锅，又有兼顾了火锅传统风味的重庆鸳鸯锅、重庆全红锅，此外还有番茄鸳鸯锅、紫苏鳝鱼锅等。我们斟酌一番，点了王府鸳鸯锅，这样一来，既可以领略一番潭王府火锅的独特风味，又可以兼顾辣与不辣两种风味。除此之外，配菜也很丰盛，王府特色鱼肉滑、燕饺、油条虾滑等都是搭配火锅的好食材。

不一会儿，一个大大的火锅盆就端上桌了，太极状的锅里泾渭分明，一边是乳白清澈、白烟袅袅的清汤锅，一边是热辣欢腾、油光闪亮的辣锅。服务员把火点着，三五分钟后，锅底就烧开了，汤底起起伏伏，不断翻滚。用

勺子在汤里轻轻一捞，可以看见放在锅底的各色中草药和香料，难怪锅底一开，已是浓香四溢。

我们将一旁的各色荤素配菜一一放入锅中，在烧开的汤底中一滚，一两分钟就熟了。在蘸料中略微一过，就可以入口了。值得一提的是，潭王府的蘸料也是大厨精心研制的，既有传统的麻酱配腐乳，又有新式的香辣牛肉酱配经过爆炒的寒菌油，还有蚝油配红油，再配上一点点花生碎，撒上一把香菜或小葱，一口下肚，让人直呼过瘾。

一口荤菜，一口素菜，一口蘸料，潭王府一个小小的鸳鸯锅里已是百味杂陈。在寒冷的冬夜里，就着一口锅，吃下暖暖一肚子美味，悠然之间仿佛也体味到了些许人生的酸甜苦辣。

杨大姐泡菜

地址　天心区友谊路富兴汇中央底商
电话　13637427455

坛子菜
不一样的酸爽

坛子菜是一种古老的传统酱菜，在湖南、四川、浙江等地流行。用坛子腌制而成的菜品，集酸、甜、脆、辣、酸于一身，生津开胃，轻易间就能挑起人的食欲。

坛子菜起源于远古时期，人们为了保存食材，就用陶罐将新鲜蔬菜封存起来，以备寒冬腊月不能外出觅食时食用。经过数千年来一代又一代的口传心授，推陈出新，坛子菜也逐渐发展成为一种颇具地方风味的小吃。与泡菜或酱菜等腌制而成的菜肴不同，坛子菜最为突出的特色就是坛子。所选用的坛子年代越久远，做出来的菜就越香。新制成的坛子只有经过严格的技术处理以后才能够使用，并保证坛子菜的风味不至于折损。坛子菜的魅力在于，几乎所有的蔬菜都可以作为食材，而且花样繁多，以萝卜为例，光是在长沙地区，就有豆腐乳萝卜、酸甜萝卜、酒水浸萝卜、盐水萝卜、姜丝萝卜等。一根简单不过的萝卜也能做出十余种花样来，每一种花样的风味又各有千秋，是拌饭、下酒、佐粥的佳品。

在长沙街头，时常会有小贩推着小板车，上面装满了坛坛罐罐，沿街叫卖着坛子菜。根据储存在坛子里的菜的状况，长沙的坛子菜可以分为两大类，一种是干坛子菜，一种是湿坛子菜。所谓干坛子菜，顾名思义，就是储存在坛子里的菜是干的，比如我们日常炒菜时用来当作配菜的梅干菜、盐菜和酸豆角等。而湿坛子菜就是长沙人平日里经常作为零嘴来吃的泡白菜、酸萝卜条等。制作坛子菜有一点尤其讲究，那就是必须保证坛子边沿的那个小槽里的水不能完全蒸发掉。因为边沿小槽里的水主要是起密封的作用，可以防止坛子里的菜腐烂。

只要在长沙城里居住超过五年，恐怕没有人会不知道坛子菜。每年到了夏天和秋天，黄瓜、萝卜、藕片、红薯坨、蒜头、辣椒、子姜、马齿苋、刀豆、豆壳纷纷上市，一切新鲜可人的蔬菜都可以放入坛子之中，经过长沙人的巧手，变成了酸爽无比的美味。我从小就爱吃坛子菜，在当街的小铺子或沿街叫卖的小板车上买上一兜子，酸豆角、酸刀豆、酸萝卜和酸子姜一样来上一点儿，窝在沙发里，一边看电视一边慢慢吃。一个悠长的假期的下午就在不知不觉间打发掉了。

长沙街头众多沿街出售坛子菜的铺子里，我最喜欢的是友谊路上的"杨大姐泡菜"。这家店里的坛子菜主要有洋姜、刀豆、人参萝卜、冬水白菜、芋头荷子等，大部分早在年前就泡好了。比如，刀豆在去年入秋时就备好了，从坛子里拿出来，放入嘴中，仍然脆脆的。还有蕨菜，也是当下坛子菜的宠儿，用盐水稍微浸泡一下，将水沥干，放入坛子中，过个十天半个月再拿出来，就会有一股坛子菜所特有的清香。

向群锅饺（黄兴南路店）

地址　天心区黄兴南路95号
电话　0731-84224388

长沙老烧卖
留住老味道

　　一日，我在街头漫无目的地溜达，逛到了黄兴南路上，路边饭店林立，当天没吃早饭，已经饿坏了，那就找吃的吧。这时，不远处就看到了百年老店向群锅饺的招牌，这里除了长沙最够味的锅饺之外，还有风味独特的长沙老烧卖——双油珍珠烧卖，所谓"双油"就是猪油和酱油。经过猪油浸泡，糯米油亮软糯，而酱油则起到调味和转色的作用，使糯米咸鲜软香、金黄油亮。这种烧卖如今街头很少见了。

　　向群锅饺的双油珍珠烧卖皮薄馅大，透油，鲜香软糯，而且蒸出来的烧卖皮并非传统烧卖那种暗淡的灰色，而是略微发白的乳白色。烧卖里的米粒并不是东北那种微微发硬的米粒，而是纤长而软糯的米粒，这种米粒用来做烧卖口感更好，也更入味。当然，这并不是最重要的，重要的是他家烧卖的油浸满了米粒，米粒粒粒分明。更让我的味蕾无法忘怀的是烧卖各色作料的味道也如此鲜明，如香菇、油渣、胡椒、葱……浸满汤汁的肉馅里还糅合着一粒粒小香菇块，咬上一口，香菇特殊的香味让肉馅更鲜美。烧卖里掺杂的几小块油渣，酥酥脆脆，别有一番风味。肉馅里的胡椒还是一粒粒的，吃到嘴里，有一种野蛮而霸道的炸裂感，香味在一瞬间席卷了整个嘴巴。肉馅里切得细细的葱花和香菇味道浓烈，两种特殊的香味融洽地杂糅在一起。向群锅饺的烧卖那种扑鼻而来的荤香一旦吃过，就再也忘不了。

后来每次来向群锅饺，我都喜欢坐在屋里离后厨很近的那张小桌，赶上老板不忙的时候，还会与他闲聊几句。和老板聊天，我才知道，他是个大学生，原本也有稳定而安逸的工作，但心怀着重塑老长沙安静祥和岁月的抱负，他才回来继承家业。在他看来，最有韵味的生活就是，每天早晨起床，在家门口泡上一壶浓茶，吃上几个薄皮大馅的烧卖，和三五好友一起闲聊，直到日上三竿。

远去的时光总是美好的，美好的生活总让行色匆匆的人们心神往之。而那些致力于让逝去的美好重现的人们，总是让人忍不住心怀敬意。

九子香辣蟹（书院路店）

地址　天心区书院路沙河街80号

电话　0731-85567877

香辣蟹
无懈可击的长沙老味道

　　长沙吃螃蟹的连锁店有好几家，其中有一家就是九子香辣蟹，主打的是缅甸肉蟹。

　　九子香辣蟹的第一家店开在长沙朝阳新村，是众多店中的大本营，一块大大的招牌装修得灯火辉煌，在烟熏火燎的长沙主流夜宵美食带里显得格外打眼。

　　如果既想吃到香辣肥美的蟹，又图交通便利，那我推荐位于书院路上的这家九子香辣蟹，这也是我每次夜晚时分肚子中的馋虫作怪时必来的一家店。"一座香辣蟹，满桌懂味人"，这是早期食客对长沙的九子香辣蟹鲜香味美的极大称赞。这家店最经典的特色菜就是香辣蟹，焦脆回香。

　　说起吃蟹，就一定要鲜活的。我们一行四五人来到九子香辣蟹，当时点蟹，当即下单。见到单子，后厨的宰杀大叔弯下腰挑出极致生猛的螃蟹，拿起剪刀从蟹的眼部下方入手，将蟹壳与蟹肉分离。蟹被一分为二了，但蟹壳边缘内仍藏着蟹黄，不能用水冲洗，而要浸泡。再用剪刀剪去蟹腮，改刀、装篮、称重,送入厨房现炒,所有工序一气呵成。

虽然工序烦琐,但九子香辣蟹的上菜速度却堪称业内楷模,从点单到上菜不过二十分钟。热气腾腾的一盆香辣蟹端上桌来,散发着浓郁的鲜香味,用筷子翻开一个个浑圆的螃蟹就可以看到锅底金黄清亮的油汤。油光之中的蟹肉和蟹壳上也覆盖着薄薄的一层黄色的粉末状油渍,均匀俏丽得如同爱美的姑娘出门前在脸上抹上的一层薄粉。这所谓的"粉底"其实就是蟹粉,这一大盆香辣蟹之所以回味悠长,就要归功于这用四十余种中草药和香料研磨而成的粉末。过油之后,蟹粉均匀地覆盖在蟹壳、蟹肉上,不能有黑点,如果黑了就证明厨师的火候没有掌握好。

吃之前,还要先观察一下蟹的上色和炒制,这与蟹的口感息息相关。比如,蟹的色泽若呈现出秋叶一般的金黄色,炒出来的香辣蟹必定焦香酥脆;上色若是呈现星月菩提子一般的黑点,就说明火候已经过了,蟹肉嫩滑的口感也被破坏了。因此,在炒制香辣蟹的诸多工序中,猛火热油是师傅的一门绝技。看完了品相,就可以尝蟹肉了。轻轻将蟹壳撬开,里面的蟹黄肥美鲜香,一片金黄,渗出点点油光。夹起一小块,送入口中,咂舌之间都是浓得化不开的鲜美。再轻轻撬开蟹爪,剔出雪白光洁的蟹肉,在锅中的汤底里轻轻一蘸,入口是浓郁的香辣味,让人欲罢不能。

吃罢香辣蟹,还有一道美食不可错过。锅底的底料经师傅专门炒制,主要是为了在吃完蟹以后加入汤涮菜时起到回味的作用,颗粒状的底料遇到高汤煮沸,笋片、香菇、油麦菜都吸饱了汤汁。送入口中,满口都是爽滑的蟹汤味。

俗话说,秋风起,蟹脚痒。每逢金秋时节,就是蟹膏最肥美的时候。找一个秋日晴好的傍晚,约上三五好友,尝几只入味的肉蟹,品味一番辣、鲜、甜三味交织在一起的奇妙感受,让味蕾记住这口感丰富的人间美味。

雨花区
流连忘返的舌尖诱惑 >>>>>

有时候,味蕾的记忆最顽固,也最深情。匆匆那年间,我们早已忘了母亲轻触额头的万般柔情,味蕾却忘不了长沙街头巷尾热辣吃食的好滋味。听雨看花,是寻找美味,也是寻觅一份早已远去的青春记忆。

甘长顺（高桥店）

地址　雨花区高福星小区4栋3-2室

电话　13549683885

寒菌面
胜似琼瑶玉露

所谓寒菌，顾名思义，是一种天凉时节吃的菌类，更为准确地说，每逢重阳节前后，寒菌就陆续上市了。这时，爱吃寒菌的食客们就要马上行动了，因为霜降以后，寒菌就会在山野之间消失得无影无踪。对于爱吃、乐吃又善吃的长沙人而言，自然不会与这等美味失之交臂。

即使是一个品尝过无数美食的专家，如若你不在长沙住上几个年头，你一定不会知道，长沙人不仅爱吃米粉，对每年重阳佳节时的那一碗寒菌面也是魂牵梦萦。我读高中的时候，每日放学回家最经济的方式就是搭乘母亲单位的班车，于是每天都会经过南门口。每当看到位于南门口的菜市场有人开始提着小篮子卖寒菌，我就知道又到了一年一度的重阳节了，又可以痛痛快快地吃一顿寒菌面了。到了周末，还来不及进家门，一股寒菌特有的浓郁香味就扑面而来。开饭时，母亲将一大盆鲜美爽滑、脆脆嫩嫩的寒菌炖排骨摆在我面前，于我的味蕾而言，此等山野之间的美味就如同一场盛宴。将闻着鲜、嚼着香的寒菌送入嘴中，几乎都来不及咀嚼，就滑溜溜地咽下了肚。再舀满满一汤匙寒菌排骨汤泡入饭中，搅拌几下，鲜美清爽的汤汁完全渗入了饭粒之中，连没有什么味道的米饭也飘散出一股清香。我埋头扒拉几大口，不一会儿满满一碗饭就下肚了。

次日早晨，母亲还会从楼下早市买回细细一把挂面，将煮熟的面放入寒菌排骨汤中，搅拌一下，只闻一下香味，就让人垂涎欲滴。我赶紧夹一筷子送入口中。吃完面以后，再将那碗鲜美浓郁的寒菌汤喝下肚，实在是太过瘾了。也许，这就是美食家们常说的原汤化原食的美妙意境。

当然，你想要在任何时令都品尝到这般美味的寒菌面也不是没有办法。20世纪90年代，长沙街头流传着这样一句话，"杨裕兴的粉，甘长顺的面"。这家百年老店曾与杨裕兴比肩，如今在长沙街头却少有看到了。但是，如果你想吃到长沙最地道的寒菌面，甘长顺仍是首选，或者说是资深食客唯一的选择。在甘长顺，无论春夏秋冬，都能尝到一碗鲜香四溢的寒菌面。

这一次，我去的是位于雨花区的甘长顺。我特地挑了一个周末的中午，到店里点了一碗寒菌面。店里的面条有很多种，有葛根粉面、绿豆面、小米面和白面条等。三五分钟，一碗热气腾腾的寒菌面就端上了桌。只见筋道的葛根粉面条泡在清澈见底的汤水中，面汤上面有一些肉丝、寒菌、香菇等。看似平淡无奇，一股浓而不腻的香味已氤氲开来。我举起筷子，从碗里捞起面条送入口中，寒菌浓郁而清新的香味立即在整个口腔弥漫开来。

原来，这家百年老店的寒菌面之所以能打破季节的限制，就在于寒菌油。重阳节前后，甘长顺的老板就会收购大量寒菌，其中以扣子大小的菌菇最为适宜，将其洗净之后沥干水分，接着倒入锅中与茶油或菜籽油一起用中火翻炒，再佐以适量的细盐、生姜末、酱油，以文火慢慢熬制，一锅香喷喷的寒菌油就新鲜出炉了。等寒菌油冷却后，就连油带寒菌一起密封在瓷罐子中。由此，寒菌油也就名正言顺地成了甘长顺烹制美味面条的秘诀，随吃随取。做好一碗热乎乎的面条，舀出满满一勺寒菌油淋在上面，既方便，又美味。

玉楼东（红星店）

地址　雨花区中意一路189号（湖南女子大学正对面）

电话　0731-82535488

麻辣仔鸡
辣即是灵魂

　　玉楼东是湘菜老字号的代表之一，被爱吃、懂吃的长沙食客称为"湘菜中的黄埔军校"，因为这家酒楼早年间为湘菜培养了一大批优秀厨师。在玉楼东的众多菜肴之中，以麻辣仔鸡和汤泡肚最为美味。民国初年的《湘垣漫录》之中，和五先生就曾引用曾国藩之孙曾广钧的诗句"麻辣仔鸡汤泡肚，令人常忆玉楼东"来夸赞玉楼东的名菜麻辣仔鸡和汤泡肚。除此之外，玉楼东让人垂涎的著名菜肴还有煨小刺参、拔丝湘莲、酒爆仔叫鸡、酸辣笔筒鱿鱼卷等。

　　玉楼东成立于1904年，至今已经走过了100多年的历史。如今，在长沙市区仍有7家玉楼东门店星罗陈列，在长沙的诸多美食店中独树一帜，绽放着湘菜老字号独有的传统魅力。若是来到长沙，穿梭于大街小巷的美食之间，一定不要错过玉楼东的麻辣仔鸡，在那香辣酥脆之中体味一番长沙美食背后的文化底蕴。

据说，早在清朝同治年间，玉楼东酒家就首创了这道麻辣仔鸡。当时的大厨选用的是一斤左右的肥瘦适宜的母仔鸡作为原料，再佐以青辣椒、红辣椒、黄醋、大蒜、姜末以及各种调料烹饪而成，其肉鲜嫩紧实，其味鲜美浓郁，其色红润诱人。后来，潇湘酒楼的厨师对麻辣仔鸡的调制和烹饪进行了改良，除了花椒、青辣椒和红辣椒之外，还添加了当地的朝天椒，这样一来，麻辣仔鸡原本的麻味就淡了许多，取而代之的是更加醇正的辣味。对于热衷于香辣口味的湘人而言，这也不失为一件美事，有食客对此称赞道："外焦里嫩麻辣鸡，色泽金黄味道新，若问酒家何处好，潇湘胜过玉楼东。"

随着时间的推移，长沙一带的酒家都各自拿出了看家本领，在作料和烹饪技艺上进行了改良和创新，风靡了整整一个世纪的麻辣仔鸡的风味又更上一层楼，焕发了新的活力。然而，在吃这件事情上，我是一个守旧多于创新的人，比起新派湘菜，我的味蕾更痴迷于传统而熟悉的老味道。每当外地的朋友想要尝一尝麻辣仔鸡，我还是会不假思索地带着他们去玉楼东。如果不想去五一大道上那家玉楼东排长队的话，开在雨花区的这家玉楼东也是不错的选择。

上个月，一个朋友从北京来长沙出差，点名要吃麻辣仔鸡。傍晚时分，我俩来到了玉楼东，五点左右，等位的人还不多，三五分钟就已落座。我驾轻就熟地点了芋头排骨、西施豆腐，还有麻辣仔鸡。

被爆炒得香酥可口的麻辣仔鸡盛放在白色的盘子里。据说，玉楼东选用的都是不足半年的母仔鸡，以确保鸡肉口感的紧实和鲜嫩。鸡肉被切成块，大小均匀，呈现出诱人的焦黄色，与盘子里洋洋洒洒的红辣椒相映成趣，很是热闹。

咬上一口，舌尖触及麻辣仔鸡，只听见鸡肉外面那一层经过油炸而形成的酥皮发出轻轻一声脆响，然后断裂开来，酥脆的外皮下面是细嫩爽滑的鸡肉。因为火候恰到好处，甚至连没有去除的鸡骨头都酥脆爽口，咀嚼一番，可以直接咽下去。

玉楼东的麻辣仔鸡虽然已经品尝过好多次，但每当我的舌尖触及麻辣仔鸡，仍感到惊喜不已。因为味蕾所及之处都是咸香爽辣的口感，而我尤其嗜辣，每每吃到这酥脆之中透出的香辣，于我而言都是极大的满足。再细细品尝，这香辣之外又是另一番深意。当香辣的味道逐渐散尽，余味里带有一点点麻。

除了鸡肉酥脆的外皮、鲜嫩的肉质以及香辣中带着淡淡麻味的口感之外，麻辣仔鸡中的干辣椒也十分香酥可口。经过油炸之后，辣椒特有的香味更彻底地散发出来了。

关于这家玉楼东，还有一点值得一提。如果你去这家玉楼东用餐，并且靠窗而坐的话，不要忘了探头看一眼窗外那条幽深的窄巷。那条窄窄的巷子散发着长沙老城最古老的韵味，而此番情景，随着时间的流逝，在长沙恐怕是越来越难寻觅了。

新华楼（劳动中路店）

地址　雨花区劳动中路54号（京电大厦一层）

电话　0731-85511706

龙脂猪血
好一场热辣欢腾

龙脂猪血是长沙地区的一道特色传统小吃。还记得我读高三时，每天在学校上完晚自习回家，差不多已经过了晚上十点了。走在路上，街旁的小铺子里散发着昏黄的灯光，一股熟悉而浓郁的香味悠悠然飘入了鼻中。每当这时，我总是难以抵挡住美食的诱惑，忍不住进去尝一碗龙脂猪血。光是看那汤料就已经吊足了人的胃口，清亮的汤汁上漂着干辣椒末、冬排菜，加之星星点点的葱花，再滴上几滴麻油，添上些许胡椒，略一搅拌，就可以开吃了。

这道龙脂猪血虽然用料简单，但如果火候把握得好，出锅以后也是辛辛辣辣、爽滑软糯、热辣欢腾，正合长沙人的胃口。说起这道街头小吃的来源，已经有些年头了。民国年间，在坡子街附近的菜市场里，每天清晨都会杀猪。猪杀了以后，新鲜还冒着热气的猪肉就可以出售了，剩下的一大盆猪血也不能浪费掉。于是，各个摊位的摊主们就将那冒着热气的新鲜猪血带回家中，用早已备好的温热盐水将它们凝固成块状，下入锅中，用清水或者骨汤来煮。煮好以后的猪血红润细嫩，再在汤水之中撒上一碗佐料，热乎乎地

喝下去，好不过瘾。久而久之，这碗热辣欢腾的猪血汤不仅受到菜市场里的摊主及家人的喜欢，还逐渐流传开，成了老长沙人日常里的一道风味小吃。而长沙街头的一些文化人在喝过这碗猪血汤以后，心想纵是龙肝凤脂做的汤水，恐怕味道也不过如此了吧，于是就给这碗鲜嫩香辣的猪血汤取了一个好听的名字——龙脂猪血。后来长沙人还习惯将龙脂猪血在熬得鲜香浓稠的肉骨头汤里打上一个滚儿，那香浓的味道简直堪称人间美味。

前几天我和朋友专程去了一趟位于劳动中路的那家新华楼，为的就是赶在冬夜里喝上一碗热腾香辣的龙脂猪血。我们这一代长沙人几乎是吃着新华楼和火宫殿里的各色小吃长大的，来到这里，点菜自然是驾轻就熟。甚至不用看菜单，我们就点了青豆鱼腥草、香菇蒸饺、川味凉粉，外加两碗龙脂猪血。

想来龙脂猪血的食材后厨早就备好了，只需下锅在骨头汤里打一个转儿即可。三五分钟，几道小食就已上全了。这道从小吃惯了的龙脂猪血没有任何高级的烹饪锅具，没有任何花样百出的作料，也不借助任何花哨的烹饪方法，只是将最新鲜而本色的食材与最原始的烹饪技法碰撞在一起，而最让湘人折服的美味也由此产生。

将热气腾腾的龙脂猪血捧在面前，用勺子轻轻舀起一块红润的猪血，放入口中，口感爽滑弹牙，如嫩豆腐一样。吃罢汤水里的猪血，一定不要错过那一碗看似清澈实则味道十足的汤水。舀一勺汤汁送入口中，咸香爽辣，在寒冷的冬夜里也能热出一身的汗来。

赶上下着毛毛细雨的冬夜，在长沙街头偶遇龙脂猪血的话，一定要点上一碗，趁热喝下去，顿时周身都暖和和的。到了夏天，如果没有食欲，喝上一碗也不错，爽口开胃，困顿多时的食欲立马被打开了。在太阳的热力尚未来得及发散的大清早，一天里的劲头儿也不知不觉又添了几分。

七小队湘菜馆

地址　雨花区正大路169号
电话　0731-83992118

当家牛脚
妙不可言的湖湘味道

　　长沙人爱吃猪脚，长沙猪脚素来以软糯鲜香闻名于美食圈。但资深食客可能会说："尝一尝牛脚，你就晓得猪脚算什么呀！"

　　在长沙，老一辈食客将牛脚称为"牛掌"。用文火慢慢烹饪，各种中草药和香料细细入味，如此得来的牛脚，滋味比起熊掌也丝毫不逊色。早些年，位于坡子街的李合盛最有名的三道菜肴就是"三牛"，其中"红烧牛蹄筋"就来自于牛脚。听长沙的一些美食达人说，长沙城最早的牛掌出自河西区雷锋大道一带的农家乐。2009年，长沙河西美食一度在长沙美食圈里掀起一阵狂澜，各色菜肴中最"牛"气冲天的就是一些土菜馆推出的"红煨牛掌"。这些土菜馆用高压锅来烹饪这道富含胶原蛋白的美味。将牛脚去毛、洗净之后放入高压锅中，加入许多干辣椒粉一同压制。在高压锅开盖的那一瞬间，那股浓郁的香味好像炸裂了一般滚滚袭来，让人食欲大增。大概也就是从那时起，长沙人吃牛脚还吃出了新花样，将高压锅压制过的牛脚放在瓦罐里，用梅干菜打底，上面逐层铺上鲜香爽辣的牛脚和香味浓郁的浏阳豆豉，再用中火慢慢蒸。端上来的时候，颇具农家气息的黑色钵子里还会放上一双比较长的筷子，用来将上层的豆豉、辣椒与牛脚拌匀。拌匀以后，直接上手，抓起牛脚啃上一口，恰到好处的火候成就了软软糯糯的口感，牛脚之中的牛筋又带有一些韧性。吃得腻了，还可以吃上一筷子钵子底的梅干菜，香脆爽口，生津开胃。据说，但凡尝过这道菜的食客，都称赞有加。

牛脚固然好吃，但因为烹饪工序烦琐，很难吃上一顿让人心满意足的牛脚。一日，朋友神秘兮兮地跟我说，现在雨花区也有热腾腾、香辣辣的牛脚了，而且是地地道道的河西口味。于是，我们几人搭上出租车，来到了位于正大路的这家七小队湘菜馆。这家饭馆主打的就是长沙地道的乡土菜。据长沙美食圈的江湖传言，这家店的老板原本是别家饭馆有名的厨师，后来自立门户当了老板，短短几年时间就在长沙美食圈里闯出了名堂。七小队湘菜馆一直坚守着传统的农家味道，他家的当家牛肉、当家牛脚、黑山羊炖粉皮、坛子菜等也是最接地气的乡土菜。

步入店内，只见偌大的大厅里一张张桌子摆得整整齐齐，店内洁净明亮。每张桌上都摆放着古朴的青瓷壶，里面的水还腾腾冒着热气。我们一坐

定,服务员就热情地迎上来,给我们一人倒了一杯茶水,并向我们推荐店里的特色菜肴。点单完毕,我们一边喝着热茶,一边闲聊。早就知道当家牛脚是一道工序烦琐的菜肴,因此做好了慢慢等待的准备。

果然,点的几道小炒都一一上来了,当家牛脚才作为压轴好戏姗姗来迟。这道菜肴分量十足,经过文火煨煮的牛脚油亮亮、红彤彤,一股香味扑面而来,撩拨着一桌食客的食欲。在长沙,吃牛脚也有讲究,要想吃得痛快,就要直接上手。我戴好一次性手套,抓起一只牛脚,送到嘴边咬了一口。浓郁的汤汁和香料的味道与牛脚完美地结合在一起,软糯爽滑,十分过瘾。吃完盘子里的牛脚,美味的汤汁也不能浪费,可以拌饭吃。

如若赶上一个冬夜,围着一口锅,啃上几只牛脚。外面天寒地冻,屋里暖意洋洋,不知不觉这美味的牛脚就给冬夜添上了最美的一笔。

向群锅饺（树木岭店）

地址　雨花区树木岭路自然岭2号

电话　0731-89677325

向群锅饺
曾经奢侈的传统小吃

　　向群的锅饺，德园的包子，杨裕兴的面，奇峰阁的鸭……这些都是长沙人耳熟能详的老字号美食，在日复一日、年复一年的口耳相传之中，成了一代代长沙人关于美食的诸多记忆中最美好的一部分。在长沙街头众多老字号小吃之中，向群锅饺无疑是最引人注目的一家。时至今日，这家店仍需排队，到了节假日，更是一大早就会排起长龙，人们只为了买上一笼热气腾腾、外焦里嫩的锅饺。向群锅饺一定要趁热吃，这时候外皮会非常酥脆。

　　其实，向群锅饺根本不姓向，它如今的当家人名为王全胜，也是向群锅饺的第三代传人。王全胜的爷爷王根宝当年在长沙做锅饺做得有声有色，这家锅饺店的历史可以追溯到民国初年。当时，主营传统家庭饮食的小作坊遍布长沙市黄兴路。王根宝开了一家名为"南圆锅饺铺"的小店，以卖锅饺为主，辅以蒸饺、白米粥、绿豆粥、各色凉菜等。每天早晨，小小的铺子被住在周围的食客挤得满满当当的。后来，王根宝将锅饺铺子改名为"向群锅饺"，其意为面向群众。

谈及长沙街头的各色传统小吃，毋庸置疑，米粉的名头是最响亮的，而锅饺在长沙民间的名气却似乎不那么响。这并非因为锅饺无法挑逗八方食客的味蕾，而是因为在那些清贫的岁月里，以肉馅为原料的锅饺比较贵，不像作为平民饮食的米粉，一般的寻常百姓也能吃得起。家中一位叔叔也是土生土长的长沙人，在他儿时的记忆之中，向群锅饺是不折不扣的"奢侈品"，如果将现在的收入与当时的做对比，当时吃一顿锅饺的费用大约与现在去西餐厅吃一顿高档牛排类似。

在我看来，早上吃上几个向群锅饺，那酥脆鲜香的味道能将沉睡的味蕾唤醒。赶上周末的早晨，一个人坐几站公交车来到向群锅饺店，十点左右，店里被食客挤得满满的，好半天才在角落里找到了一个空座。坐下来，点上十个刚出锅的锅饺，再来一碗清汤解腻，一天都精神饱满。

老板一个转身，就将锅饺端上了桌。刚出油锅的锅饺黄灿灿的，还腾腾冒着热气。一口咬下去，外皮酥脆可口，尤其是皮子的边缘，有点焦黄，味道也更香脆。锅饺里的馅咸淡适宜，肥而不腻，格外鲜嫩可口。如果觉得有些油腻，还可以蘸上店里秘制的辣酱来吃，又是另一番滋味。

而向群锅饺店在长沙街头的众多锅饺店中之所以能拔得头筹，也必然是用了巧心思的。听朋友说，向群锅饺店会在饺子馅里加入适量的肉皮冻，这样一来，当锅饺在冒着油香味的平底锅里煎炸时，肉馅里的肉皮冻就会融化为鲜美的汤汁。而且在饺子馅的搅拌过程中，不会再添入油脂，而是保持肉馅本来的鲜香味。这样一来，锅饺的口味也相对清淡，而味蕾对于滋味的感受也会有更多的回味。

从向群锅饺店走出来，我不禁心中感叹白云苍狗，这家百年老店已在长沙街头存在了那么悠长的岁月。不过所幸传统的制作手艺和用料仍代代相传，一口咬下去，依稀之间仍能品味出些许长沙市井之中尚未被时光冲刷掉的滋味。也许，这些老字号的存在，亦是在见证着老长沙人逐渐远去的日常。

徐记海鲜

地址	雨花区万芙北路与迎新路交会处栖涧里酒店三楼
电话	0731-88338511

冲浪海参汤

敢为天下鲜

长沙虽然深处内陆地区，但长沙人并没有因为地理原因而放弃海鲜类的美食。在长沙食客的圈子里流传着一句话，"吃海鲜，到徐记"。在长沙，想吃一顿新鲜而风味独特的湘味海鲜，徐记是首选。徐记海鲜的一大特色就是以湘菜的风格对海鲜原本的滋味进行改良，从而形成了自己的菜系风格。

我们知道，海鲜是以粤菜为载体逐渐传入湖南的。早在20世纪80年代，长沙就有了一些消费档次比较高的酒楼，专做佛跳墙、鲍鱼、海参、鱼翅等海鲜当中的"奢侈品"供高端人群消费。接着，又陆陆续续出现了大批的海鲜大排档，其中龙虾、基围虾、生蚝、海蟹等成了大众饮食。一开始，长沙经营海鲜的大小饭馆在做法和口味上都比较单一，遵循海鲜原本的味道，慢慢地，也逐渐与湘菜的风味融合在了一起。自古以来，湘菜素有品种多、口味重、选料精、气味浓的特色，在湖南人的心里，食物是否美味就在于"口味"二字。徐记海鲜牢牢地把握了这一点。要在湖南做海鲜，就必须吸收湘菜的特色，用本地的烹饪手法来烹制海鲜，这绝对是挑逗口味刁钻的湖南人的一条捷径。海鲜的味道本来就比较天然而纯粹，因此也比较好加入其他味道。湖南人将湘菜热、辣、香的特色加入海鲜之中，让其口感层次更为丰富。由此，徐记海鲜以此为基础逐渐自成一派，成就了符合长沙人口味的湘派海鲜。

第一次去徐记吃海鲜是在两年前的秋天，正值虾蟹最肥美的时节。有一位朋友是海鲜的忠实拥趸，可以说，长沙就没有他没尝过的海鲜馆子。在他的带领下，我们一行人来到徐记海鲜。既然是来尝鲜，我们当然将徐记海鲜的招牌菜都尝了一个遍，但让我印象最深刻的还是那道鲜美而清香的冲浪海参汤。

海参分为鲜海参和干海参两种，其中烹制干海参尤其有讲究。过去，长沙这样的内陆城市因为交通不便而只有海参干货，每一位烹饪海鲜的厨师都有如何发制干海参的不传秘诀，这甚至成了辨别师门的一条标准。

海参，做好了，回味无穷；做坏了，难以下咽。海参原本味道清淡，几近无味，还需要其他食材对其进行烘托与渲染，方能成就一道美味。在徐记海鲜尝到的这道冲浪海参汤用的是鲜海参，将海参切成小段放入盅内，现场给在座的每个人面前的盅内倒入酸中透着微微辣味的汤汁，故而得名"冲浪海参"。袅袅的白色热气迎面扑来，一股芬芳直往鼻子里钻。我拿起勺子，舀一勺送入嘴中，细细咂舌品味。微微的酸味里带着淡淡的果香味，那种辣倒也不是湘菜中一贯的辣椒的香辣之味，而是从前被一些美食达人称为"美食魔幻粉"的胡椒的辣味。虽然这种辣味若隐若现，而且藏在了海参的鲜味之中，但细细品味，又悄悄地浮现于唇齿之间。与此同时，这道冲浪海参里还加入了一些湘菜中常用的香料，味道独特。

一顿徐记海鲜吃下来，我不由在心中感叹，虽然长沙远离海岸，但这并不妨碍长沙人在一颗热爱美食的心的驱动下，研发符合本土味道的海鲜美食。

寻味长沙

双燕楼（韶山路店）

地址　雨花区雨花亭韶山中路73号

电话　13874921061

绉纱馄饨

秀色比贵妃

　　馄饨是一种南北皆宜的民间传统面食，用薄薄的面皮包着馅儿，煮熟以后连着汤汤水水一起食用。西汉扬雄在他所作的《方言》中提到了"饼谓之饨"，馄饨是饼的一种，与饼的差别在于其中夹有内馅，经蒸煮后可食用；若在汤水中煮熟，则称之为"汤饼"。在古人眼中，馄饨其实是一种密封的包子，因为没有所谓的"七窍"，而将其称为"混沌"，根据中国造字的规则，后来才改称为"馄饨"。那时，所谓馄饨与水饺并无二般。但千百年后，馄饨却在南方发扬光大，以其皮薄馅鲜、汤汁清新而区别于传统的水饺。到了唐朝，馄饨与水饺正式区分开来。

　　说起来，馄饨这道精巧清新的面点小食的起源还与美女西施颇有渊源。相传，当年吴王夫差打败了越国并俘虏了越王勾践，除了大批的金银财宝之外，他还俘获了绝世美女西施。夫差得意忘形，沉湎于声色犬马之中，不问国事。这年的冬至节到了，按照惯例，吴王接受百官朝拜，宫廷内一派歌舞升平。不料，宴席之中夫差吃腻了山珍海味，心中不悦，搁箸不食。聪慧的西施将这一切都看在眼中,她趁机跑到御膳房,和面擀皮,想做一道新式菜肴来表达自己的心意。在她的巧手之中,薄薄的面皮翻了几个花样,最终包出了一种畚箕式的点心。她将其煮熟后盛入碗中,加入鲜汤,撒上一些葱、蒜和胡椒粉,再滴了几滴香油,然后将这香气四溢的菜肴献给了吴王。吴王一尝,味道鲜美至极,一口气吃了一大碗,吃完追问西施这是何种点心,竟如此味美!西施心中暗想道:这个昏君成日里浑浑噩噩,简直是混沌不开,于是随口给这道点心取名为"馄饨"。从此,馄饨流传到民间,成了吴越人家的一道日常美食。

在长沙素有"吃馄饨不混沌"的说法,意思是吃上一碗馄饨,人就会更精明能干。你若想吃上一碗咸鲜热乎的馄饨,百年老字号双燕楼是一个不错的选择。提起双燕楼的绉纱馄饨,这几乎是每个老长沙人儿时的美好回忆。

双燕楼创建于清朝末年,由刘凤章、李少明和柳子顺三人在古城长沙的南墙湾创办,主要经营馄饨。长沙的老百姓之所以钟情于双燕楼,主要原因还在于这里的馄饨风味独特、自成一派。双燕楼的三位创始人从小学做馄饨,技艺娴熟,匠心独运,配方也不同于别家。相传,双燕楼的馄饨所用肉馅都是选用最新鲜的夹缝肉和腿肉,馄饨皮必须擀得形似燕尾、薄如轻纱,将馄饨下入滚水中煮熟后,一个个肉馅鼓胀,尾部的褶皱呈纱纹状,吃起来鲜嫩清香、荤素相宜、入口即化,这就是长沙城里人尽皆知的"绉纱馄饨"。小小一个晶莹剔透的绉纱馄饨浮在清澈的汤汁里,其味、其形、其色无不让人喜爱。

有时候,肚里的馋虫勾人,但坡子街上那家双燕楼又实在是人气太旺,我就常去雨花亭这家双燕楼觅食。这家的馄饨也是双燕楼最传统的味道,而且因为远离闹市,相对幽静的环境也更能让人静下心来,慢慢品尝热气腾腾的馄饨。

在我看来,粗犷的大馄饨与水饺并无太大区别,只有小而剔透的小馄饨才能让我吃出馄饨细腻清雅的感觉,因此,双燕楼的绉纱馄饨是我的首选。一小碗馄饨端上桌来,葱花的清香和紫菜的鲜味让馄饨汤的汤汁更为醇厚鲜美,每个小小的绉纱馄饨都溢满了汁水,从皮到馅都剔透而饱满。"绉纱"二字,关键在于它的飘逸和轻薄,皮薄而透,馅少而精。轻轻舀一个馄饨,馄饨皮薄如蝉翼,裹着微红而鲜嫩的肉馅,柔弱地浮在汤汁里,吹弹可破,晶莹剔透,恰如贵妃的肌肤一般。纳入口中,软滑细腻的皮、鲜嫩不腻的馅儿、清香爽口的汤，在一瞬间便俘获了味蕾。

经历了百年风雨的双燕楼承载着我太多的美食回忆。犹记得，咿呀学语时，父亲会牵着我的手，掏出口袋里不多的几块钱，为我买上一碗热气腾腾的绉纱馄饨。在父亲温柔的目光下，我狼吞虎咽地将那碗鲜美的馄饨吃光，连汤汁都一点儿不剩，那种感受实在难以用语言来表达。长大后，每当我经过双燕楼，都会走进去点一碗绉纱馄饨，稀里哗啦地吃光，心满意足地离开。唯有希望这般美食能抵挡住时光的消磨，让一代又一代的长沙人能慢慢品味。

> **卤得好小吃吧**
>
> 地址　雨花区韶山中路448号
> 电话　13187061801

雨花区　流连忘返的舌尖诱惑

三角干子
悠悠豆香飘

　　穿梭于长沙繁华的夜市之中，除了每桌必备的口味虾、口味蛇和嗍螺之外，三角干子也是长沙夜宵界的活跃分子。比起各类海鲜、河鲜之类的荤香，香辣重口的三角干子口味更为清爽。

　　三角干子，顾名思义，必须是三角形的。将一块豆腐切成四块大小相同的方形豆腐块儿，取出其中一块儿，沿着对角线切开，得到两块儿三角形的豆腐。再将这三角形的豆腐立起来，底边挨着案板，竖着切上三道，就切出来四片薄厚相当的小三角块儿了。再将这薄薄的三角豆腐块儿放入油锅中，以文火煎炸至两面金黄，蘸着辣椒汁吃。经过油炸的三角干子外层酥脆爽口，内里嫩滑香甜，成了长沙当地的一道特色美食。

　　听家中长辈说，在乾隆年间，长沙的三角干子曾被用作贡品，如今，是长沙人用来招待亲友的一道传统菜肴。这种以传统做法烹饪而成的三角干子最是美味。来到长沙，一定要吃上几块香辣爽口的三角干子才不虚此行。而三角

干子口味的关键就在于手工制成的豆腐。如今,只有在长沙郊区的农户家才能有幸亲眼观摩这种代代相传的传统手艺了。

听母亲说,长沙近郊的农家制作三角干子已有几百年的历史,以前村子里几乎每家每户都会做三角干子,但因为手工制作豆腐实在是费心又费力,现在仍坚持下来的人已不多了。大约十年前,我曾去长沙郊区的远方亲戚家观看过一次打磨三角干子。虽然随着时间的流逝,那份记忆已有些模糊,但那丝丝缕缕的豆香味却一直萦绕在我的鼻端。那天,天刚蒙蒙亮,爸妈就带我驱车来到了长沙近郊的一户农家。一下车,一个小小的农家院落出现在面前,一股清新的豆香味扑面而来。院子的平台上放着十几个正方形的木箱子,每个木箱子上都放着一块儿大石头。步入屋内,还有一个跟门口大小一致的平台,上面也放着十几个木箱子,上面分别压着石头块。一位六十岁出头的老汉正在往机器里添加黄豆,他的老伴则在灶台前生火。

老汉将浸泡好的豆子放入机器中磨成浆,再将豆汁倒入纱布中,将其中的豆渣过滤掉。老伴那边的炉火早已生好,开水也烧好了,就等着滤过浆后煮浆并点浆。点浆后,豆浆逐渐凝结成了豆腐花,将其倒入铺好布的木箱内,牢牢包好,盖上石板,压上二十分钟,纯手工制作的水豆腐就做好了。将水豆腐

沿着对角线依次切开，放入油锅中以文火煎炸，一盆酥脆焦黄的三角干子就出锅了。

火宫殿的三角干子我吃过几次，香辣浓郁，开胃爽口。但总觉得他家的三角干子的精华在于秘制的辣椒汁，而三角干子本身的口感还欠缺了些许火候。而位于韶山中路的这家卤得好小吃吧的三角干子，选用的是地地道道手工研磨而成的豆腐。为了那热乎乎、香辣辣的三角干子，我特地开车去吃过几次，每次都是一番大快朵颐。

有时老板闲下来，我还会与他闲聊几句，才知道这家菜馆的三角干子是每天早晨望城区那边的农户专程开车送过来的新鲜豆腐制作而成的。这种三角干子在高温的油锅里也不会裂开，经煎炸后酥脆而有韧性。蘸辣椒汁时，小小一块三角干子能将汁水吸收得满满的，一口咬下去，酥脆的外皮和嫩滑的内里融合在一起，香辣的汁水充盈于整个口腔，好不过瘾！

虽说民以食为天，但如今即使在美食这件重大的事情上，机器也还是一步步取代了传统的手工。而人的味蕾又是如此敏感而怀旧，纵然机器与手工之间的口感差异微乎其微，但味蕾总是能准确地捕捉到其中的微妙差异。

火宫殿（东塘店）

地址　雨花区韶山北路507号

电话　0731-85568303

红烧蹄花
老少咸宜巧为厨

　　猪蹄富含胶原蛋白，食用后能使人皮肤细腻而有光泽，还能养血健脾，是一道男女老少都适宜的滋补佳肴。小小猪蹄可以大做文章，炭烧猪蹄、椒盐猪脚、红烧蹄花……这些以猪蹄为主角的菜肴活跃于长沙街头的大小饭馆，但其中最有名的当数红烧蹄花。红烧蹄花之所以有如此的知名度，与当地一位擅长烹饪猪蹄的"巧厨娘"邓春香有着莫大的关系。

　　邓春香出生于清末民初，20世纪40年代，为生活所迫，她在赶集的日子里都会挑起一副担子来到长沙古城庙会最热闹的火宫殿叫卖蹄花，以此谋生。邓春香烹饪蹄花新意十足，选用的都是肉质更为嫩滑的猪前蹄，先用煤火将脚毛燎去，再用刀将烧焦了的黑壳刮掉，一直到猪蹄显露出黄白相间的本色，洗净，一劈两开，改刀成块。焯水去除腥味，沥干水后上火炒糖色，以浓汁酱油熬煮，佐以大葱、八角、桂皮、姜片、干红辣椒、粗盐、料酒，大火烧开后移至小火瓦缸上以文火煨煮数个钟头，烧至汤汁浓稠，油色红润。做出的猪蹄味道厚重，香味鲜美。

邓春香的红烧蹄花在烹饪上可谓考究至极，因而在长沙城内一举成名，人们口口相传，来庙会尝鲜的客人也是络绎不绝。消息一经传开，长沙街头那些开红烧猪脚铺子的摊贩也纷纷前来向邓春香讨教，并如法炮制。一来二去，邓春香烹饪红烧蹄花的技法就成了长沙城内烹制这道菜肴的统一标准，流传至今。如今，走在长沙街头，找一个卖红烧蹄花的小铺子，啃上几块软软糯糯、油光红亮的蹄花，恍然间就会发现，百十年来蹄花的味道却经久未变。

风靡长沙城的这道红烧蹄花之所以如此美味，除了要归功于邓春香那双巧手之外，同时也因为长沙当地的猪肉格外鲜美，这种猪就是长沙老口子最爱吃的"宁乡猪"。宁乡猪肉质细腻、味道鲜美，当地还流传着这样一首歌谣来赞美宁乡猪的美味："丝颈葫芦肚，耳落嘴筒齐，稀毛现薄皮，鱼尾后脚直，奶子一斩齐，四脚要撒蹄。"这蹄子撒了欢儿一般四处跑的猪，猪蹄自然是最好吃的。细细端详宁乡猪，会发现它的足印呈梅花状。因此，长沙人才将这道红烧猪脚称为红烧蹄花，不仅形象地描述了这道菜肴，也为菜品增添了几分雅趣。

据说，就连明朝的正德皇帝也觉得宁乡猪十分美味。据《长沙风物大观》记载：明朝年间，正德皇帝一次外出巡游来到宁乡，当时腹中饥饿，于是步入一户农家，农户用现杀的鲜猪肉来款待。皇帝吃后被这鲜美的猪肉深深折服，龙颜大悦，称赞这猪肉味道极好。皇帝开了金口，宁乡猪肉质鲜美的美名也由此在三湘四水流传开来。

后来，老字号火宫殿将邓春香从庙会上请到店中，专为食客烹饪红烧蹄花，由此，这道菜肴也成了火宫殿众多当家小吃中的一种。一次，火宫殿的小吃专家上节目，他在节目中介绍说，火宫殿的红烧蹄

花之所以味道好还有一个小诀窍,那就是每一次煨它几十上百斤猪蹄,因为只有分量足够多,煨煮出来的蹄花才能达到汤汁浓稠、口味醇厚的效果。如今,火宫殿烹饪出来的红烧蹄花仍是长沙城里的"独一份",重要原因就是邓春香的烹饪技术一直在火宫殿内嫡传。20世纪90年代,火宫殿经理的丈母娘就是邓春香正儿八经的传人,也曾经是火宫殿众多大厨中的一员。她手艺精湛娴熟,经她之手烧出来的蹄花红润光泽,肥而不腻,软糯而不烂,一次啃上好几块也不会觉得腻。

端坐在火宫殿里,于喧嚣的人群之中点上一份红烧蹄花,细细品味。其味之美,经百年而不绝;其色之润,红艳艳,油光光;其香之浓,正可谓馥郁芳香。皮光肉烂,香不腻人,用筷子轻轻一夹送入口中,百转千回,猪蹄皮、猪蹄肉、猪蹄筋骨,都自然而然地脱落开来。各种滋味,真可谓"火候足时它自美"。

火宫殿（东塘店）

地址　雨花区韶山中路507号
电话　0731-85568303

雨花区　流连忘返的舌尖诱惑

椒盐馓子
纤手搓成玉

馓子是一种油炸的小吃食，因其色泽黄亮、口感香酥脆爽，而深受八方食客青睐。北方的馓子多以麦面烹饪而成，而南方的馓子则多以米面烹饪而成。在长沙，最常见的是椒盐馓子，以精面粉为主要原材料，佐以白糖、板油、精盐、花椒等。经油炸后的椒盐馓子，丝丝缕缕粗细均匀，质地焦脆酥香，口味甜咸皆有，造型也很别致，最常见的是枕形和扇形两种，既是小零嘴，又可作为菜肴。

说起来，馓子这道小吃食还与寒食节颇有渊源。春秋战国时期，每逢寒食节都必须禁火，这时家家户户都会食用"寒具"，也就是馓子。那时，为了纪念春秋时期晋国的名臣义士介子推，清明节前夕要连着禁火三日。于是，人们就会先将一些环形的面食在油锅里炸好，作为寒食节那几日里的一道"快餐"。两千多年前，屈原在《楚辞·招魂》篇中就有"粔籹蜜饵，有餦餭兮"的词句。宋代美食家林洪曾对此做过考证，并得出了"粔籹乃蜜面而少润者""饦馄乃寒具食,无可疑也"的结论。可见,早在千百年前,湖湘地区就有了馓子这种"寒具"。到了宋朝年间,大文豪苏东坡还专门写了一首名为《寒具》的诗,用来赞颂馓子:"纤手搓成玉数寻,碧油煎出嫩黄深。夜来春睡无轻重,压褊佳人缠臂金。"

时光流逝,随着步入现代社会,寒食节要禁火三日的风俗也逐渐消失,但这个与寒食节密切联系在一起的馓子却仍为南北食客所喜爱,时至今日,仍是一道老少咸宜的时令小吃。记得小时候,每天清晨,楼下小铺子的大姐就会在门口支起一个小炉子,上面架着一口油锅。店铺虽小,用的却是上好的面粉,加上些许细盐,用水揉成一团面团,接着就是醒面、切条,再揉搓成细细的条状,一圈一圈地环绕着在盆子里排满,上面洒上一些油。等到盆子里细细的面条回透了,弹力恰到好处的时候,就见那大姐轻轻将面条缠绕在手上,用手来来回回地抻开。一抻一绷之间,一条条面条就变成了粗细均匀的馓子条儿,接着下入七八成热的油里,撒上些许花椒提味,用筷子轻轻地在油锅里翻动。随着馓子在油锅里逐渐煎熬上色,等火候刚刚好时,大姐麻利地将椒盐馓子从油锅里捞出来。大把或是小把的椒盐馓子躺在盆子里,

金黄焦脆，让人垂涎。

在幼时的我看来，原本软塌塌的面条瞬间就变成了焦黄酥脆的馓子，这真是一次奇妙的转换过程。我总会眼睛一眨不眨地等大姐将所有的面条都炸完，才从兜里掏出零钱，买上一把馓子，作为当日的早饭。椒盐馓子干吃香脆可口，但我更喜欢将它泡入牛奶之中。吸饱了牛奶的馓子软塌顺滑，入口即化，别是一番风味。

如若不是流连于市井之间的馓子小铺，那还可以去老字号火宫殿尝一尝特色馓子。早在20世纪40年代，火宫殿的名厨张桂生就创制了馓子两吃的菜肴。火宫殿的炸馓子沿袭的是传统的椒盐口味，焦脆酥嫩。比起他家咸口的馓子，我更喜欢甜口的，放入砂糖之后，馓子嚼在嘴中，一股淡淡的甜味弥漫开来，甜而不腻，让人忍不住吃了还想吃。煮馓子则又是另一番风味，将炸好的馓子放入原汤之中，淋上一些麻油，撒上一把葱花，吃几口馓子，喝一口原汤，很是美味。

在长沙街头，有着数也数不清的各色小吃，温暖着长沙人的心，也慰藉着长沙人的胃口，让长沙人即使走遍天涯，最终仍惦记着家里，也让外乡人在这里找到了家一般的温暖。而火宫殿的这道椒盐馓子也可以算是在长沙街头的一道温暖吃食了吧。

开福区
美食环绕中的欢歌笑语 >>>>>

开福之地,人气聚集。入夜之后,深入长沙闹市,方能触碰到这座城市诸多美食的灵魂深处。

大碗厨（东风路店）

地址　开福区东风路103号
电话　0731-84516898

黄鸭叫炖豆腐

汤汤水水出真味

　　说起汤汤水水，似乎与素来嗜辣的湘人关系不大。然而，每当酷暑难耐或是寒冬腊月之时，老长沙人都会喝上一口热气腾腾的汤水，或是出身大汗祛除暑气，或是暖暖身子睡个好觉。在为数不多的几种汤水之中，黄鸭叫炖豆腐尤其鲜美有营养。

　　这汤水虽名为黄鸭叫，实则与黄鸭全无半点关系，而是一种用鱼与豆腐熬制而成的汤水。黄鸭叫即黄颡鱼，又名黄鸭咕，因为被抓住时会发出"咕咕"的叫声而得名。黄鸭叫分为黄色和黑褐色两种，它在一般的鱼长鳍的地方却长着长长的刺，生活在山野间的小河、小溪等浅水之中，透过粼粼波光，看上去通体金黄色，因而又时常被渔民称为黄骨鱼。

　　因为黄鸭叫一般生活在乡野之间的溪流中，因此这道原汁原味的清新菜肴最初也来源于山野之间，充满了野趣。相传，元末明初，长沙古城有一户姓曾的大户人家，做的是绸缎生意，在当地很有声望。但曾家公子却对自家生意并不感兴趣，而尤其爱好舞文弄墨，流连于山水之间。一日春光正好，曾公子带着家中的书童去长沙近郊的山水间赏景作画。他临溪而坐，流水潺潺，只见波光之间缕缕金光一闪而过，定睛一看，原来是一条条通体金色的鱼。曾公子一时间玩性大起，与书童一起蹚入水中抓起鱼来。不一会儿，随身携带的竹篓里已装了满满一篓子。曾公子也有些饿了，于是来到山脚下找到一户人家，将抓到的黄鸭叫交给这家人，请其代为烹制。农户家境清贫，家中只有两块水豆腐，本是当日中午的食材。于是，就将黄鸭叫与切成小块的豆腐一同用清水煮了，稍稍佐以细盐，出锅之前再撒上一些葱花用来提味。这一锅黄鸭叫炖豆腐连油水都未放，乳白色的汤汁看似清汤寡水，实则清新醇香。这山野之间的美味让久居闹市的曾公子胃口大开，吃罢锅中的鱼肉和豆腐，还连喝了两碗汤才肯作罢。回到家中，曾公子仍对黄鸭叫熬出来的那一碗清汤念念不忘。到了来年开春，他特意派出几名家丁，去城郊抓了数十条黄鸭叫回来炖汤，大宴宾客。由此，这一锅黄鸭叫炖豆腐汤也在向来不喜汤水的长沙人之间流传开来，直到今时今日。

就饮食而言，我向来主张要遵循食材的时令，如此方能品尝到最鲜美、最醇正的美食。正因为如此，每年开春时节，我都会去寻一家饭馆细细品上一碗黄鸭叫炖豆腐。这次我去的是位于东风路的大碗厨，这家饭馆沿街而立，价格亲民，一顿饭下来人均不过五六十元。我带着家人一同前往，一锅黄鸭叫炖豆腐，一钵子招牌猪脚，外加一碟酱汁淮山，一切都是刚刚好。

上菜速度不快不慢，大约半个小时，菜陆陆续续上齐了。黄鸭叫炖豆腐盛在素净的白色大瓷碗中，冒着热气，清香袭人。我先舀了一勺汤，凑在嘴边，吹了两下，送入口中，微微的烫将汤的清香烘托得恰到好处。再用筷子小心翼翼夹起一块嫩豆腐，入口即化，爽滑可口，清香的汤汁完全渗透进了豆腐里，豆香味和鱼肉的清香又如此协调。最后，我才夹起这汤水里的主角——黄鸭叫，经过熬煮的鱼肉质地鲜嫩软糯，在舌尖打了个滚，就悠悠然滑下了喉咙，鲜美得你甚至来不及细细品味。

在长沙人看来，咸香爽辣固然重要，五味调和亦是成就一顿美食的重点。在品味长沙街头诸多重口味的小吃之余，不妨也喝一碗清香温暖的黄鸭叫炖豆腐汤，在这汤汤水水之中品味一番长沙老味道的别样风情。

青瓷味坊

地址　开福区湘春路民主后街2号

电话　0731-82199677

黄焖小黄鳝
焦香酥脆的「小盘龙」

青瓷味坊可以说是长沙近几年最热门的一家餐厅，这家主打口味菜和创意菜的新派湘菜馆首创了酸汤口味虾、黄焖小黄鳝等，一场场视觉和味蕾的盛宴引爆了长沙的餐饮市场，也成就了长沙街头大小饭馆的一朵奇葩。

青瓷味坊的老板陈庆华的饮食之道，素来以追求食材的返璞归真为第一要旨。早年，他曾在星级酒店里做过多年的行政总厨，但为了亲手烹饪出理想之中的味道和还原食材最本真的味道，他辞去了原本风光体面的工作，出来自立门户，开了一家属于自己的饭馆，名为青瓷。青瓷的总店坐落在长沙最具历史韵味的湘春路上，民国时期，这里商铺云集，是长沙古城最繁华的地段之一。

陈庆华是厨师出身，在他看来，"口味好不好取决于食材，作为厨师，最基本的职业道德就是要尊重食材"。因此，青瓷味坊主张将传统湘味进行创造性的发挥，让身处水泥森林中的长沙人也能品尝到山野之间的原汁原味。在陈庆华眼中，一切食材都是如此的美好，纯野生的河鱼，农家自己种的小豌豆、萝卜、红薯尖,农家自制酸菜……各种各样在一般人眼中带着"土气"的乡野食材都被他搬上了青瓷味坊的餐桌。而在青瓷味坊各种各样的天然菜肴之中,最让陈庆华得意的就是黄焖小黄鳝。青瓷味坊烹饪的黄焖小黄鳝选用的都是从河里新鲜打捞上来的土黄鳝,虽然比起人工养殖的黄鳝个儿小了许多,但这种纯野生的黄鳝味道尤其鲜美,肉质也特别爽口,是做黄焖小黄鳝的不二之选。

青瓷味坊开张后不久,这道黄焖小黄鳝就大受追捧,甚至一度成了长沙各大美食网站上的头条。作为一个每时每刻都保持着对美食饱满热情的老长沙人,我自然也不会错过这道菜肴。我特意挑选了一个周末的中午,和两个好友打了一辆车,很快就来到了当街的青瓷味坊。步入店中,只见店内古意盎然,采用许多青瓷元素进行装潢,呈现出一派清新淡雅。

刚一坐定,服务员就给我们一人端来一杯热气腾腾的铁观音,茶香氤氲,让这家饭馆又多了几分神韵。根据服务员的推荐,我们点了几道青瓷味坊的特色菜,其中自然少不了黄焖小黄鳝。

这道黄焖小黄鳝看似简单,实则对火候的要求非常苛刻。要先以少量的清油润锅,将手指长的黄鳝甩晕过去,扔到锅中,以中火炒制。黄鳝身上带着黏稠的体液,在锅中会不断冒着白烟,等到白烟没有时方能起锅。再另起一锅,放油,将干辣椒、蒜瓣、姜丝爆香,放入炒过的黄鳝,撒入些许紫苏,倒入少许骨汤,干焖后出锅。

周末中午,青瓷味坊里里外外座无虚席。我们几个人等了近半小时,几个菜才陆续上齐,最后一道压轴菜正是我期盼已久的黄焖小黄鳝。菜一上

桌，一阵浓郁的香味直往鼻孔里钻，我顿觉刚才的一番等待都是值得的。酥软味美的小黄鳝，新鲜的蒜瓣，加之夏天的紫苏与油香味缭绕于一处，一下子就让人口舌生津。小小的黄鳝只有筷子粗细，经过焖制之后在盘中卷曲着，就像一条条小小的"盘龙"一般。夹起一筷子，在口中放肆咀嚼，焦香而温润，弹牙而酥脆，忍不住夹了第二筷子。

坐在青瓷味坊，虽然身处长沙的闹市之中，但品尝着这顺应时节的天然美食，不知不觉之间，仿佛从这道美味黄焖小黄鳝之中也能感悟出些许野趣来。也许，这就是美食的魅力所在吧。

百年常青小吃馆

地址 开福区东风路22号
烈士公园西门旁

电话 0731-85489977

开福区 美食环绕中的欢歌笑语

葱油粑粑
唤醒沉睡的味蕾

　　在长沙居住一段时间，你就会发现，长沙市民的早点无外乎油货（油炸食品）、包点和粉面三大类。其中，葱油粑粑是油货中比较受欢迎的，因为它物美价廉、色香味俱全。梁实秋来长沙游玩时，曾品尝过这道民间小吃，吃后称赞道："葱油粑粑实在是好吃，不需要菜也能吃好几个！"如此盛赞，倒是深知其味。

　　葱油粑粑经油炸而成，中间有一个小孔，吃起来口感酥脆而绵软，还夹带着葱花特有的香味。相传，许多年前靖港有一位摊贩很擅长做葱油粑粑。他经熟人介绍，来到长沙的闹市南门口，架起来灶具，炸起了葱油粑粑，香味四下飘散，吊足了人们的胃口，立即将长沙城里的食客都吸引过来尝鲜。这葱油粑粑一口咬下去，酥脆爽口。如果觉得腻，还可以再来一碗葱花汤，清淡爽口。由此，一传十，十传百，来摊位尝鲜的食客从早到晚络绎不绝，从此，来自靖港的葱油粑粑彻底在长沙城里扎下了根，其他小贩也纷纷效仿。一时之间，长沙城的街头巷尾都能看到卖葱油粑粑的小铺子。

在我看来，吃葱油粑粑这种民间小吃，就要去当街的小铺子里才能尝到最地道的味道。本来想去南门口那家以葱油粑粑而出名的老铺子尝一尝，但朋友提议，不如另辟蹊径，去尝尝别家口味。这家店虽然位于开福区东风路上一个僻静的巷子里，但并不难找。我们来到店前，看见一个小伙子正系着围裙在一个干净的橱窗前，现炸现卖。

葱油粑粑的原料是粳米，还要掺入一些现饭，先干磨成粉，再加水调成糊状，待发酵后，放入少许盐和切碎的葱花。就像炸虾饼或春豆饼一样，这家店炸葱油粑粑也是用的专门的模具。圆形的铁质模具还带着柄，中间还有一根又短又小的铁棍，这样一来，粑粑炸好以后中间就有一个孔。只见那老板麻利地将加了葱花和盐的面糊倒入模具内，用铲子刮平，伸入沸腾的油中。粑粑逐渐变为金黄色，与模具分离，从油面浮出来，不一会儿一个酥脆香浓的葱油粑粑就做好了。

这家铺子的老板告诉我们，炸葱油粑粑看似简单，但要炸好却并非易事。首先，发酵的时间要把握得当，如若不能，则要么因为发酵时间过短而坚硬如石，影响酥脆的口感；要么因为发酵时间过长而使过多的油钻入了粑粑中，吃的时候，油直往外流，很油腻，吃上几口就吃不下了。说罢，他将热乎乎的葱油粑粑从锅里捞起，给我俩一人来了一个。

一口咬下去，这葱油粑粑的外皮又酥又脆，而里面则十分绵软，杂糅在里面的葱花依然很青翠，香酥的面香味里夹杂着浓郁的葱香味。我一边吃一边回味着梁实秋说的话，方觉说得十分精辟。酥脆焦香的葱油粑粑带着天然的米香和葱香，外焦里嫩，香气四溢，这么可口的小吃真是一口气吃两三个都不腻，又何必用菜来作为陪衬呢？

百年常青小吃馆

地址 开福区东风路22号
烈士公园西门旁
电话 0731-85489977

开福区 美食环绕中的欢歌笑语

汤圆
团团圆圆的"浮元子"

　　汤圆可以说是中国传统小吃的代表之一，由糯米粉制成，通体浑圆，一般有甜味和咸味两种馅料，煮熟以后连带着汤水一起吃。在古城长沙，每逢元宵节，家家户户都少不了吃上一碗甜甜蜜蜜的汤圆。

　　据说，早在宋朝时，南方地区就兴起了一种很奇特的小吃，以黑芝麻和猪油作为内馅，加入少许白砂糖，外面再以糯米粉搓成球状，煮熟以后，味道香甜软糯，别是一番风味。因为这种糯米制成的球在滚水中煮时沉沉浮浮，因此，古时人们将它称为"浮元子"。后来，有的地区将"浮元子"改称为汤圆。据说，在元宵节吃汤圆，象征着合家团圆、甜甜美美。

　　在长沙，位于东风路上的百年常青小吃馆很受人们欢迎。他家的招牌汤圆都是手工包制而成的，入口以后，外层的糯米并不是传统的细腻口感，而是比较有韧劲，软而黏，馅儿用料很足，甜而不腻。

　　每天不到凌晨4点，他家店内的灯光就亮起来了。电机转动的声音在静默的凌晨显得如此单调，却一下子将店内的宁静打破了。新的一天开始了。

早晨6点多,搅拌糯米粉和馅料、煮牛肉、接猪血……一切准备就绪。不一会儿,店门口的那口大锅开始冒出白茫茫的热气,沸腾的油锅里一缕缕青烟升起,各类小吃香气四溢。仿佛闻到了这诱人的香味,八方食客纷纷拥入店中,吃上一碗汤圆,再点上一些葱油粑粑、烧卖等,便开始了忙碌的一天。

直到傍晚时分,这家小店里依旧人头攒动。我尤其喜欢这家的汤圆。我每次来,都会找一个角落里的座位坐下,点上一碗玫瑰汤圆,再来一份葱油粑粑,据我所知,这是店里最为畅销的两种小吃。

很快,盛在白瓷小碗里的玫瑰汤圆就端上桌来了。我小心地从汤汁里舀起一颗,慢慢送入嘴中,甜津津,软糯糯,滑溜溜,触及舌尖的一瞬间,是一种难以言喻的温软,沁入心脾。不过,刚出锅的汤圆很烫。为了避免烫伤舌头,不应该将一颗汤圆囫囵吞下,而应该先将汤圆咬一个小口,对着里面吹几口凉气,再慢慢吮吸里面清甜的汤汁。一汤匙清新的汤圆汤水,配上一口香脆的葱油粑粑,那滋味只有享用过的人才能心领神会。

百年常青小吃馆的招牌之一就是汤圆,我跟店里的服务员闲聊时得知,店里每天光是用掉的糯米粉就有50多公斤。店里的汤圆也分为好几种,包括玫瑰汤圆、黑芝麻汤圆、甜酒蛋汤圆、甜酒小汤圆和豆沙汤圆。人气最旺的玫瑰汤圆的馅料选用的是清香袭人的玫瑰花甜酱配上白砂糖,还掺杂着些许新鲜的玫瑰花瓣。小小一颗汤圆送入嘴中,外层的糯米很有嚼头,里层的馅料清香润滑,甜而不腻,吃下一碗还觉得不过瘾。除了汤圆之外,店里的刮

凉粉、炸酱面、麻油猪血也很美味，林林总总的各色小吃加起来一共有30多个品种。到晚上打烊时，他家的大部分吃食都已卖光。

听朋友说，他家的汤圆从泡米一直到送入人们的嘴中，前前后后要经过21道工序，一道也不能省。就拿下汤圆这个在人们看来最简单不过的步骤来说，店里都是一颗一颗汤圆滚入锅里，而不是一次性"集体下放"。

在这个竞争激烈的年代，这家看似不起眼的小店却在风雨飘摇中活得有滋有味。它与所谓的高端大气上档次相距甚远，也并非彰显身份或排场的地方，但它经久不变的味道却是如此的生动而真实，牢牢抓住了老长沙人的味蕾以及心灵深处那一点点念想。在我看来，这家饭馆日复一日地守在那里，为的就是等待熟悉它味道的故人归来。

大虾驾到（四方坪店）

地址 开福区四方坪商贸城A30栋

电话 13707486227

口味虾

"张牙舞爪"的诱惑

口味虾又名麻辣小龙虾、香辣小龙虾等，是湖南省地道的传统小吃，以小龙虾为主材料。它虽然"出身"地摊，但却已经是湘菜中极为重要的一员，它以汤汁浓郁、口味重、色泽艳丽、香辣无比著称。早在20世纪90年代，长沙大街小巷的饭馆就开始供应口味虾，很快口味虾就凭借着独特的风味成了长沙夜宵界的头牌。每当夜幕降临，在长沙的街头巷尾转悠几圈，你就会发现，几乎每一桌的食客都对着桌上那一盆热辣无比的口味虾"张牙舞爪"。那些食客虽然一个个被辣得嘴巴通红、眼泪汪汪、满头大汗，但仍然斗志不减。从电视台的名嘴主持人到知名演员，再到以嘴刁著称的长沙堂客，几乎没有人能抵挡住一盆热辣过瘾的口味虾的诱惑。

每年夏天，都是长沙人不折不扣的"虾季"。随着初夏到来，光着膀子去吃夜宵，约上三五好友，点上一大盆口味虾，徒手抓起红彤彤、热辣辣的口味虾，张嘴就咬，再配上一大杯清凉的冰镇啤酒，一边吃一边聊几句家常，这种逍遥自在的日子就连神仙都要羡慕！

长沙有很多吃口味虾的好去处,而我要推荐的这家则是一家接地气的夜宵排档。这家店位于四方坪附近,主打的就是风靡长沙的口味虾。

这家店最有名的菜品就是秘制的口味虾,这道菜让人一旦吃过就难以忘怀,我已经前前后后光顾过这家小店五六次了。他家的小龙虾清理工作是在店外的一小块空地上进行的,这样一来,小龙虾的新鲜度就得到了保证。再经过老板一番独门秘制的烹饪方法,就成就了这道娇红鲜亮的秘制口味虾。

八月中旬,我特意约了三位好友一起去店里觅食。点了两斤口味虾,外加一人一瓶冰镇啤酒。店里只有老板与两个服务员,但动作很利索,我们等了十几分钟,热气腾腾的口味虾就端上桌来了。与别家口味虾一般都装在粗犷的铝合金盆中不同,这家的小龙虾一个个整齐地码放在一个白色的大瓷碗里。小龙虾大小均匀,色泽红润,身子浸泡在油亮亮的红油里,上面点缀着一把香菜。

口味虾一端上桌,香味就扑鼻而来。我徒手拿起一只小龙虾,轻轻吮吸,可以尝到包裹在虾身上的浓郁汤汁,那鲜香中透着麻辣的味道在第一时间就牢牢地俘获了我的味蕾。接着,我迫不及待地将小龙虾的头胸甲揭开,一口气吃掉了小龙虾饱满多汁的黄。很多人说小龙虾后部那一小截纯肉段是

最美味的,但其实那不过是吃掉了小龙虾的一半,小龙虾另一半的美味则集中在虾头。将虾头的汤汁细细吮吸干净,再将细细的虾钳纳入口中。一咬,虾钳就在口中碎掉。香辣的汤汁充盈了整个口腔,更何况钳子里还有雪白的嫩肉,量虽然不多,却很细腻爽滑。接着,就可以吃口味虾后部细腻的肉了,将那包裹着美味虾肉的壳去掉,鲜嫩洁白的虾肉就如含羞的美人一般露了出来。在盘子里蘸上些许酱汁,送入口中的那一瞬间,味蕾得到了极致的享受。

吃完一整碗秘制口味虾,这场饕餮盛宴尚未享用完毕。对吃口味虾有研究的长沙人,这时还会让服务员用清水煮一碗细细的挂面,再倒入口味虾的汤汁之中。就着香辣浓郁的汤汁,一口口慢慢吃着顺滑的挂面,辣得满头大汗,大呼过瘾。

作为不夜城,红红火火的口味虾仿佛已经成为长沙热火朝天的夏夜里一道独特的风景线。吃着热辣的小龙虾,喝着冰爽的啤酒,聊着琐碎的家常,悠悠一夏就这样悄然流逝。

> **印象四方情怀餐厅**
>
> 地址　开福区四方坪四季美景17号（三一大道加油站斜对面）
>
> 电话　0731-84817838

开福区 美食环绕中的欢歌笑语

四方坪土鸡
柴火的极致演绎

最近这些年，我在品味长沙美食时逐渐体悟到，面对越来越多的新奇菜式，反而是长沙街头巷尾毫不起眼的土菜馆能让你的味蕾感受到返璞归真的滋味。

在长沙滋味迥异的各色土菜之中，四方坪土鸡总是让我流连忘返。一岁左右的仔鸡是在田野间放养长大的，吃的是纯天然的山野之物，喝的是山涧清澈的泉水，肉质也是恰到好处，既保持了鲜嫩，又不会过于绵软。大约一斤的土鸡用急火爆炒之后，再用文火慢慢炖，鸡肉愈发香浓，汤汁也愈发鲜美。

在四方坪众多的土鸡店中，最有名的一家就是坐落在三一大道旁边的这家印象四方情怀餐厅。与其他门面破旧的土菜馆不同，印象四方情怀餐厅虽然开了许多年头，但新近装修过，宽敞而整洁。一天，我们一群吃货相约而行，一同来到这家以土鸡而闻名的饭馆觅食。到了以后，我发现这家店果然如传说中一样宾客满座,店门口的车位上停满了车,虽然店里有十几位服务员,但仍手忙脚乱。

大约等了二十分钟,我们等到了一个靠窗的位子,于是开始点菜。我一看菜单,价格都很适中。正当我们一行人看了又看,犹犹豫豫不知道要点什么菜时,一旁的服务员热情地招呼起我们来:"就来一个招牌土鸡吧,再尝尝小炒土鸡肉,青椒炒油渣、湘味鸡杂、砂锅泉水豆腐也都不错的!"就这样,经过服务员的热情推荐,我们五个人点了八道菜。

在上菜前,我有一搭没一搭地和几位朋友闲聊着。有个朋友是这家土菜馆的常客,听他说,这家店已经开了十几年了,天天生意爆满,不少顾客都是常客,经常从老远的地方开车过来吃土鸡。到了晚上八九点钟,店里几乎所有的食材都卖得干干净净,每天都是如此。听朋友这么说,我对他家的招牌土鸡更加期待了。

这家店的招牌土鸡采用的是焖煮的烹饪手法,盛在一口大大的铁锅里,热腾腾地端上了桌。盛在铁锅里的浓稠的汤汁还处于沸腾状态,土鸡肉的香气直往鼻子里钻。铁锅里的鸡肉块也滚烫滚烫的,油光水亮,让人直咽口水。

我们几个好友也不谦让,纷纷举起筷子,伸向锅里的土鸡肉。夹起一块,咬上一口,肉质鲜嫩爽滑,香味浓郁,汤汁的香味完美地渗入了鸡肉中。入口时,只觉得有微微的辣味,待细细咀嚼,咽下肚中,才觉得一股浓烈的辣味直往嗓子里钻。用筷子在锅里轻轻扒拉几下,除了几颗小拇指尖大的米椒和几段干辣椒之外,再也没有其他多余的辣椒。看我不解,朋友才告诉我,这家店所用的米椒是用朝天辣秘制而成,风味独特,辣味霸道。怪不得这招牌土鸡里只放了七八颗小米椒,浓郁的香辣味却完全渗入了鸡肉里。

一番大快朵颐之后,我们不得不与美食作别。走出饭馆,回头望望夜色中的印象四方情怀餐厅,我不觉在心中感叹,不知道下次再品尝这山野之间孕育的天然美味又要等到什么时候了。

兴隆小馆

地址　开福区广福园南门广场

电话　13755069822

酱汁肘子

嚼之有劲，品之愈香

　　前几年在北方读大学的时候，周围的同学经常会好奇地问我，为何长沙姑娘嗜辣如命，却一个个皮肤好得像刚剥开壳的鸡蛋一样。我想，成就长沙姑娘好皮肤的除了大自然赐予的好山好水好空气之外，还有长沙姑娘的美容神器——酱汁肘子。对长沙人而言，酱汁肘子正是一种吃的时候觉得理所当然，而隔上几天没吃又想得慌的存在。

　　在长沙，酱汁肘子不仅镇得住场子，登得了大雅之堂，也是一道比较接地气的美食。漫步于长沙的街头巷尾，经常有一些不起眼的小铺子门口支着一个火炉，上面用文火慢慢熬着一锅东西。醇厚的荤香就从锅盖的缝隙里弥漫出来，飘散在空气中，若有若无，挑逗着行人的食欲。盛在这锅中的美味就是长沙姑娘的心头好——酱汁肘子。

　　据说清朝光绪年间，在长沙马王街上，一个名为马明德的人开了一家熟食铺子，并根据自己的名字给店铺起名为"马明德堂"。马明德祖上几代人都是以卤味作为营生的，马明德沿用了祖上传下来的秘方，专做卤肉和肘子等熟食，其中以酱汁肘子、水晶肘子和虎皮肘子等最为有名。据说，马明德堂烹饪肘子的工艺采取的是先卤后煨，所用的卤水也是一锅从祖辈传下来的陈年老卤，由70多种香料和中草药熬制而成，去腥提香方面堪称一绝。相传，经马明德之手烹饪而成的酱汁肘子肉香清醇，肥而不腻，糯而不烂，入口即化，从而盛极一时。听家中长辈说，马明德堂最鼎盛时，每日早晨，天尚未亮，铺子门前已排起了长龙，人们眼巴巴地等着热气腾腾的酱汁肘子出锅。

1938年11月的那场文夕大火将马明德堂毁于一旦，再也未能恢复。后来，马氏世代相传的烹饪酱汁肘子的秘方传到了玉楼东的主厨谭奚庭手中，谭奚庭又在其基础上进行了改良，烹饪出了独具玉楼东风格的酱汁肘子。玉楼东烹饪这道软糯鲜香的酱汁肘子的具体流程是：先将肘子焯水，再用文火与卤水慢慢煨，最后再起锅蒸煮。做成之后，酱红色的酱汁肘子丰盈饱满，入口后感觉肉质酥烂，油而不腻，伴随着一股咸鲜的浓香。

到了20世纪80年代末，湘菜大师许菊云从健康角度出发，研发出了烹饪中的脱脂技术。这样一来，这道人见人爱的酱汁肘子就既传承了马明德堂地道的古法风味，又有了清新健康的新特色。酱汁肘子也逐渐从玉楼东等殿堂级的美食饭馆传入民间，成了大小街巷都能寻觅到的一道民间美味。

上个月，我又寻觅到了一家在长沙吃酱汁肘子的好去处，那就是坐落在开福区南门广场的兴隆小馆。当时与一位朋友同行，又酣畅淋漓地品尝了软糯多汁的酱汁肘子。朋友几年前在这家饭馆吃过一次，所以熟门熟路地将菜点好了：酱汁肘子、手撕豆腐、芝麻酱油麦菜，外加一人一盅木瓜炖雪蛤。

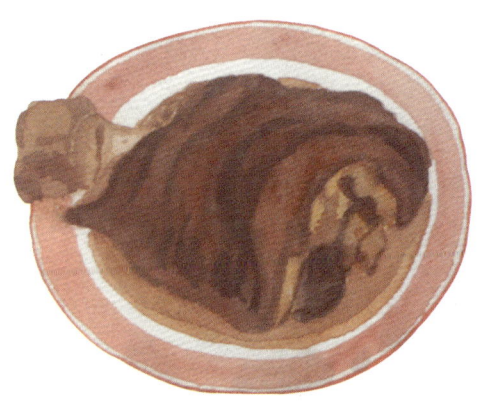

没过多久，几道菜就依次上桌了。只见一个偌大红润光亮的肘子躺在白色的大瓷盘里，半浸泡在酱红黏稠的汤汁里。举起筷子朝酱汁肘子轻轻一戳，只听"扑哧"一声，筷子轻轻松松就戳入了肘子里。软而不烂，火候把握得刚刚好。夹起一小块肘子，细细咀嚼，肥而不腻，瘦而不木，软糯之中又有一些弹牙，还渗出些许酱汁。

酒足饭饱，与朋友从兴隆小馆走出来，只听朋友感叹道："这么痛痛快快吃上一顿，真是难得！"我笑着说："可不是，能如此痛快吃上一顿，也不失为一种福气吧。"晚上悠然入梦，说不定还会梦见这油亮亮、红彤彤的肘子，再大快朵颐一番呢！

东安鸡馆

地址　开福区东风路141号
电话　0731-80796852

东安仔鸡
酸辣鲜香的当家菜

东安仔鸡又被长沙人称为东安鸡或官保鸡,是一道长沙当地许多饭馆都能吃到的地方传统菜肴。东安仔鸡的鸡肉肥而不腻、细腻鲜嫩,味道酸酸辣辣,开胃生津。2010年上海世界博览会时,这道风味独特的菜肴还曾入选四大传统湘菜名录。

据说,这道东安仔鸡起源于湘西南地区的东安县。绵绵不绝的湘水流经这座小城,这里山水环绕,在田野间长大的土鸡腿小而结实,胸大而肥美,肉质细嫩鲜美。相传,早在唐朝开元年间,东安人就开始烹饪这道东安鸡了,因为这道菜肴酸酸的口感来自于陈醋,所以当时的人们称其为"醋鸡"。一天,有一位客商在山间赶路,入夜时分,他觉得饥渴难耐,就在东安县城的一家饭馆里用餐。店主是一位老妇人,乡野之间菜品匮乏,只能捉来童子鸡现场宰杀,佐以葱、姜、蒜、辣椒末,放在油中爆炒,冉烹以酒、醋、粗盐,以文火慢慢焖烧。这道童子鸡烹制而成的菜肴亮闪闪、红油油,吃入嘴中,鲜香细嫩,让客商赞不绝口,沿途逢人就夸。知县得知后,亲自前去店里品尝，果真名不虚传，遂称其为"东安仔鸡"。

清末民初，这道菜肴传入长沙。湘军将领席宝田、民国将领唐生智都是土生土长的东安人，虽然身在长沙，仍时不时喜欢吃上一筷子东安仔鸡慰藉肚子里的馋虫。这些身居高位的官宦食客对这道承载着乡愁与乡思的菜肴特别推崇，久而久之，东安仔鸡就成了酒宴上的一道名肴。不只是长沙，湖湘各地的菜馆都纷纷效仿。1972年2月，美国总统尼克松访华，毛泽东主席设宴招待尼克松，在各色菜肴中就有这道东安仔鸡。这道酸酸辣辣的湘菜让吃惯了西餐的尼克松胃口大开，一边吃一边称赞东安仔鸡鲜嫩可口，让人久食不厌。

来到长沙，不品尝一番让南北食客欲罢不能的东安仔鸡，恐怕会留下些许遗憾。于我而言，吃东安仔鸡并不一定要去老字号的酒楼，在市井之间品味这道菜的酸辣鲜香，反而别有一番趣味。东风路上有一家专营东安仔鸡的饭馆，店名就叫东安鸡馆，酸酸辣辣的东安仔鸡配上两碗白米饭，最是开胃，最是下饭！

饭点时分，馆子里食客三三两两坐着，多是住在附近的常客。听老板说，店里选用的都是不足一年的小母鸡，烹饪之前都腌制过，因而特别入味。夹一块，慢慢咀嚼，酸辣的滋味在嘴里弥漫，很是爽口。肉质确实很细腻，有一点点肥，但丝毫不觉得腻。淋一些酸辣开胃的汤汁在米饭上，不一会儿，一碗米饭就下肚了。

东安仔鸡最初成名于山野之间的小饭馆，后为身居高位的食客所追捧，活跃于各色酒宴之间，最终又再次回归百姓餐桌，成了老百姓久食不厌的一道家常菜。

> **毛家饭店（开福区店）**
>
> 地址　开福区沿江大道208号欧陆经典A座裙楼1—3楼
>
> 电话　0731-82165999

毛氏红烧肉

色香味俱全

在开福区，有许多老字号的饭馆，但其中有一家饭馆的生意格外红火，每一次去这家饭馆吃饭，都要排上一两个小时的队。那就是沿江大道上有名的毛家饭店，这家饭馆的招牌菜就是毛氏红烧肉。

毛氏红烧肉又被称为毛家红烧肉，是一道色香味俱全的汉族传统名肴，是湘菜中有名的一道"硬菜"，因其与毛泽东有着解不开的渊源而得名。1914年，年轻的毛泽东进入湖南第一师范学习。后来，据与他同班的蒋竹茹和周世钊回忆，这个学校每周六有一个打"牙祭"的传统：吃红烧肉。选用的肉是带着皮的"五花三层"，用湘潭酱油加上料酒、冰糖和八角，再用文火慢慢煨制而成。每八人坐一桌，一桌足足有四斤肉。从那时起，毛泽东在那个兵荒马乱的年代深深爱上了红烧肉这道菜，但条件所限，很难有机会吃到。早年，毛泽东并不排斥在菜里放酱油，但后来有一次，他在酱油作坊里观看了制作酱油的过程，发现卫生条件让人堪忧，就再也不碰酱油了。到了北京，毛泽东吃的所有菜里都不放酱油，这时，中南海的厨师程汝明琢磨出了一个解决的好办法，就是用糖色加盐，代替酱油，为肉调味并着色。这样烹制出来的红烧肉既没有失去咸鲜的口感，又兼得了甜味，尝过之后，毛泽东很是受用。因此，这道备受毛泽东青睐的红烧肉便流传开来，并因此而得名。

夏日傍晚的毛家饭店人头攒动，如果能有幸寻觅到一张临江的小桌，迎着窗外吹来的凉凉江风，点上一份毛氏红烧肉，岂不快哉！毛家饭店的毛氏红烧肉价格适中，性价比很高。金黄油亮的红烧肉装在一口钵子里，四四方方的红烧肉码得整整齐齐。这里的红烧肉选用的是半肥半瘦的五花肉。先将冰糖、八角和桂皮与五花肉一起蒸，再炸，然后放入锅中，加入豆豉等作料，再辅以盐巴和糖着色调味。成菜后，红烧肉色泽红亮，肉香味浓，而且没有油腻之感。因为在烹饪过程中还添加了些许辣椒，所以味道甜中有咸，咸中带辣，甜而不腻。值得一提的是，在毛家饭馆吃完红烧肉以后，记得一定要点一碗香喷喷的米饭，将浓郁的肉汁浇在米饭上，拌饭食用。浓郁的汤汁裹着清香的米粒，将毛氏红烧肉的精华演绎到了极致，让人欲罢不能。

在吃的法则里，风味才是重中之重。简简单单的一块五花肉，经过湘人的烹饪成就了一道美食。这肥而不腻、鲜亮红润的毛氏红烧肉里，承载的是人们对于食物最奇妙的想象力。

憬麟庭院

地址　开福区迎宾路 117 号
电话　0731-85587161

口蘑汤泡肚

白绿相间满口香

在长沙众多菜肴中，有一道以猪肚烹饪而成的菜，就是口蘑汤泡肚。口蘑汤泡肚是一道地地道道的长沙菜，但与许多香辣重口的长沙菜肴不同，这道菜汤汁清淡，回味绵长。

相传，20世纪20年代，长沙著名的老字号玉楼东首创了这道菜。当时，玉楼东由号称"湖南第一厨"的谭奚庭掌勺。谭奚庭早年曾多次为长沙当地的大户人家操办酒宴，后来又受雇于江苏的盐商富豪朱乐堂，成了他家的私厨。因此，经谭奚庭之手烹饪而成的菜品，除了具备浓重的湘菜风格，还兼具了淮扬风味。我想，这也是为何这道口蘑汤泡肚与传统湘菜大不相同的原因。这道菜色泽诱人，蘑菇软嫩细腻，肚尖脆嫩爽口，汤汁清香醇厚。拥有深厚历史文化底蕴的玉楼东的这道口蘑汤泡肚一经推出，立即在长沙当地流传开来。很快，这道菜流传到了南北各地。

位于北京地安门外的老字号马凯餐厅专营湖南风味的菜肴，就是凭借着这道口蘑汤泡肚而闻名。当年，著名戏剧研究家许姬传老人曾在马凯餐厅品尝了这道菜肴，吃过以后赞不绝口，还即兴留下了一首小诗："倚马我惭奏凯歌，试斟不觉醉屠苏，易牙手段湖南味，汤泡肚尖冠首都。"这道口味醇厚的菜肴平中见奇，最终在京师名噪一时，其魅力可见一斑。

在长沙本地，除了玉楼东，憬麟庭院也是一个吃口蘑汤泡肚的好去处。这家店坐落在迎宾路上，闹中取静，古意盎然。白墙青瓦，半圆形的拱门借鉴了江南水乡庭院的风格。步入饭馆，圆形的镂空窗子将店内的空间分割得错落有致，一盆盆原生态的盆栽更给店内平添了几分秀色，仿若置身于小桥流水之中。第一次来憬麟庭院，我就被这家店匠心独运的布置风格深深吸引了。在如此韵味悠长的饭馆里慢慢喝下一碗有着浓厚文化底蕴的汤泡肚，光是想想就激动不已。

憬麟庭院的菜肴是传统的湘味，在服务员的推荐下，我们点了口蘑汤泡肚、糯米跑山鸡、三味茄子、泉水豆腐。其他几道菜二十几分钟就陆陆续续上桌了。但口蘑汤泡肚是汤水，用文火慢慢熬煮而成，想来花费的时间也更长。我们一边吃着其他菜品，一边等着这道压轴的好菜。

左等右等，口蘑汤泡肚终于羞羞答答地上桌了。奶白色的汤汁，翠绿欲滴的香菜，而乳白色的肚尖和口蘑就躲在香菜下面的汤汁里，像一条条调皮的鱼儿，正在池塘里与食客玩着捉迷藏的游戏。

吃了其他几道香辣味浓的菜肴，不知不觉间我已有些口渴，于是先舀起一勺清汤送入口中。奶白色的汤汁是用骨头汤慢慢熬制而成的，喝起来汤味十分浓郁，满嘴浓香，鲜美极了。

连着喝了两大勺汤，我才舀起一小块肚尖。那肚尖切得长长的、薄薄的。放入嘴中，新鲜脆嫩，口感很好。再尝一小块口蘑，软嫩细腻的口蘑饱含着汤汁，细细咀嚼，还有淡淡的甜味。

于我而言，这碗口蘑汤泡肚真是一场集味觉、视觉、触觉与嗅觉于一体的盛宴。端坐在憬麟庭院之中，听着店里假山盆景潺潺的流水声，一颗心也渐渐静了下来。

望城区
湘人念念不忘的家乡味 >>>>

南邻湘江,鱼米之乡。吃的是最鲜活的河鲜,喝的是最香醇的美酒。觥筹交错之间,品味着地道的美味,体悟着浓郁的湘情。

洞庭手工糍粑（乔口店）

地址　望城区雷锋北大道与101省道交叉口东南50米

电话　无

手工糍粑

天然去雕琢

　　长沙流行着这样的说法，"做米酒，杀年猪，腌腊肉，打糍粑"。糍粑曾经是长沙老百姓过年必不可少的传统食品之一。

　　我生于长沙，长于长沙，从小就对那清香诱人的糍粑怀着一份别样的情愫。还记得小时候，每当到了冬天，家里都会准备一个大的不锈钢盆来储存糍粑。长沙的传统糍粑大部分是圆形的，一般浸泡在冷水中，需要经常换水，以保持糍粑的新鲜。整个腊月里，可以慢慢吃新鲜的糍粑。

　　长沙糍粑最家常的一种吃法，就是在取暖用的炭火盆子上支起一个铁架子，将几个糍粑挨个儿放在铁架子上。小时候，我最喜欢干的事情就是守在烧得很旺的炭火盆边，看着火炭明明灭灭，而糍粑在炭火的烘烤下中间慢慢鼓了起来，两面逐渐呈现金黄色。有时，糍粑的表面会裂开来，只听"味"的一声轻响，伴随着一股热气，清香扑鼻而来。这时，我再也按捺不住，顾不上烫手，一边咽着口水一边将糍粑在两只手里来回倒腾，忙不迭地将糍粑用小刀切成两半，趁着热乎劲儿夹上一层白砂糖。咬上一口，糍粑从外到内酥脆香甜，一股甜蜜的清香充盈于口鼻之间，还会拉出一道道长长的丝，夹杂着尚未完全融化的白砂糖。瞬间,满足感充盈于心间,久久萦绕。

随着时间的流逝,传统的年俗逐渐消失,而儿时最让人欢欣鼓舞的美味也很难寻觅。我时常回味起儿时软韧黏糯的糍粑,那美好的滋味让我甚是想念。偶然间,我在长沙街头再次遇见了原汁原味的手工糍粑,仿佛与阔别已久的老友再次重逢。

这家店铺位于雷锋北大道与101省道的交会处。在这里,不仅能吃到天然清香的糍粑,还能现场观看打糍粑。将糯米洗净后沥干水,在一口大铁锅上放置一个木甑,待锅里的水烧开后,将米舀入热气腾腾的木甑里蒸煮,不一会儿,糯米特有的清香就直往鼻子里钻。糯米蒸熟后,就可以开始打糍粑了。打糍粑是力气活,而且很有讲究,店老板告诉我,打糍粑追求的是"快、准、稳、狠"的境界。只见店里的老板和老板娘围着盛着糯米的石臼,分别站一个方向,手中拿着一根粗粗的木棒。因为糯米的黏性很强,落下去要快,收起来也要快,才能避免木棒与糯米黏在一起。此外,准头要足,两根木棒此起彼伏,都要结结实实打在同一块地方,这样打出来的糍粑才能均匀。"稳"说的是手要紧紧握住木棒,用力也要均匀,不能前半段疾风骤雨,后半段软绵无力。"狠"说的是手腕与肩膀的力气要绷足。经老板和老板娘这样的行家里手做出来的糍粑一个个光滑紧实,还没上火烤就很有食欲了。

这家店的手工糍粑原汁原味,吃法也很多,除了将糍粑放在火钳上慢慢烤着吃,还可以煮着吃或是煎着吃。

吃煮糍粑,就是将糍粑洗净切块放入锅中用清汤煮软,再放入一些白菜,佐以细盐和剁辣椒,简直美味至极。如果喜欢吃甜食,还可以让店老板放入甜酒、鸡蛋或糖一同煮,味道清新爽口。

此外,店里的煎糍粑也独具特色,是用糍粑蘸上蛋液放入油锅中煎炸而成。煎好的糍粑香喷喷、黄亮亮,真是色香味俱全。

> **正宗扣肉糯米饭**
>
> 地址　望城区医学院后一街26号门面
>
> 电话　15273752238

虎皮扣肉

肥而不腻的团圆菜

　　虎皮扣肉是长沙人逢年过节必吃的一道传统菜肴,色泽金黄,肥而不腻。虎皮扣肉选用的是过年猪的上好五花肉与浏阳豆豉一同蒸制而成,入口即化,软烂鲜美,在豆豉的催化下,五花肉散发出一股别具风味的浓郁荤香。此菜肴色泽油亮,肉皮呈棕红色,还伴有斑纹,如虎皮一般,故而得名"虎皮扣肉"。

　　记忆里,每当除夕那日回到外婆家,外婆总是系着围裙为一家老老少少烹制一道味道最地道的虎皮扣肉。在农村,几乎每家每户在过年前夕都会杀过年猪,其中肥瘦相间的五花肉就是做虎皮扣肉的最佳原料。外婆总是遵循着虎皮扣肉最传统的做法,一步一步地来,一丝不苟。将五花肉洗净后,在加入葱、姜、八角等的汤锅里煮透捞出,趁着这热乎劲儿在五花肉的肉皮上抹上一层老油,皮朝下,放入滚烫的油锅里炸,直到肉皮上好色后再捞出。随后将炸好的五花肉切成三四毫米厚的肉片,再将五花肉片皮朝下在碗中摆好,上面放上正宗的浏阳豆豉放入锅中蒸三十分钟。这道菜的味道绵长而醇厚,虎皮扣肉尚未出锅,那五花肉与浏阳豆豉融合于一处的浓郁香味已缭绕于整间厨房,挑逗着人的味蕾。

虎皮扣肉出锅后要趁热吃,夹起一块肥瘦相间的扣肉送入口中,肉烂而味香,微微的咸味中又透出淡淡的甜味。加入浏阳豆豉提味后中和了五花肉的腻味,哪怕连着吃上三五块也不会觉得腻。

每隔一段时间,我就会馋虎皮扣肉那软糯鲜香的味道,出于对虎皮扣肉的钟爱,每当在饭店里碰上这道菜肴,我总忍不住尝上一尝。在我看来,长沙街头总有一些大隐隐于市的小饭馆,看上去其貌不扬,却总能给人的味蕾带来不一样的感受和惊喜。位于医学院后一街的这家专做扣肉糯米饭的小店铺就是如此。

小店就在万客隆超市的正对面,门面虽小,但很容易找。十来平方米的小店里摆着三四张桌子和稀稀疏疏几张椅子,老板娘跟我说,来这里吃扣肉的多是熟客,一般会打包带走。但我那日正好有大把闲暇,于是靠窗坐下,点了一份虎皮扣肉就着秘制糯米饭细细品尝。

这家店的扣肉足足有四五厘米厚,均匀地分为三层,瘦肉醇香软糯,肥肉入口即化。细细碎碎的浏阳豆豉充分吸收了鲜美而浓郁的汤汁,清爽中带有微微的甘甜,别是一番风味。扣肉沾染了豆豉独特的清香味,化解了那份油腻。

可见,匠心独运之处,各色食材都能碰撞出让人惊艳的火花。正如这肥瘦相间的五花肉与清新爽口的浏阳豆豉合二为一,又将彼此的长处演绎到了极致,从而成就了让长沙人百吃不厌的虎皮扣肉。

食在韵味

地址 望城区雷锋大道与银星路交会处

电话 0731-88381117

腊八豆
豆香里说丰年

腊八豆是长沙地区的一种传统美食，也是腊八节的一种节庆食品，流传至今，已有上千年的历史。腊八节起源于古代的一种祭祀活动，即"腊祭"，直到南北朝时期，才成为一个固定节日。早在先秦时期，"腊祭"就存在了。那时，人们在一年当中的最后一个月，去山间田野里猎杀各种野兽，用来祭祀祖先和百神，以祈求来年合家兴旺、五谷丰登。

腊八这一天，人们除了举行祭祀敬神的活动之外，还会喝上一碗腊八粥，这是一种用当年收获的新鲜粮食和瓜果一同熬煮而成的甜粥。在长沙，每逢腊八节，人们除了要喝上一碗甜蜜热乎的腊八粥，腊八豆也是必不可少的。旧时，每年立冬之后，长沙几乎每家每户都会开始腌制腊八豆，到了腊八节就可以食用了。腊八豆味道清新诱人，口感鲜美软糯，可谓老少咸宜。早些时候，腊八豆多由长沙街头的一些家庭小作坊制作而成，但是受季节的制约，热爱美食的食客很难一年四季都享用到这道美味。后来，一些小作坊推出了玻璃瓶装的腊八豆，经过多道工序加工而成，既摆脱了时令对美味的桎梏，又保留了腊八豆原本的风味。

小时候，刚立冬，外婆就会忙着腌制腊八豆，我一颗小小的心也会雀跃起来，因为知道距离热热闹闹的新年又不远了。外婆将洗净的黄豆先用大火煮熟，再转用文火煮烂，出锅放凉以后，盛入有稻草或棉絮保温的容器里。两三天后，我趁着外婆不留神，偷偷打开瓷罐子，发现黄豆已经长出白毛了，其实这就是发酵后长出的白霉。接着，外婆会将黄豆装入坛子中，加入煮豆子用的汤水，佐以花椒、鲜生姜碎和些许辣椒粉，最后倒入两三钱白酒提味，密封保存。等到腊八那日将坛子启封，一股掺和着酒香的清新豆香味扑面而来，就像赶赴一场一年一次的约定一般，美味的腊八豆如约而至。

小小的腊八豆可以用来搭配多种菜肴，蒸、炸、煮都可以，无论与荤还是素搭配，都是佐餐的一道美味。不想前不久，在望城区的食在韵味，我又尝到了思念已久的腊八豆。菜端上来，我先吃了一小块鸡蛋，焦黄的鸡蛋香喷酥嫩，火候恰到好处。腊八豆散落于鸡蛋之上，夹起来放入口中，软糯而鲜香，正是小时候熟悉的味道。

一颗小小的腊八豆在密封的坛子里默数着时光的流逝，融合了姜丝的辛、辣椒的辣、白酒的醇，最终成就了寒冬腊月里佐菜下酒的一道美味。

岳麓区
街头巷尾的味蕾盛宴 >>>>>

岳麓山脚,湘江西滨。风,从山涧吹来;时蔬,从田埂采摘;美味,从山野得来。醉心于湖光山影,与美景对酌,与佳肴为伴。

姥爷鱼头（滨江店）

地址　岳麓区含光路 125 号
　　　当代滨江九栋 3 楼

电话　0731-85202969

青椒炒鱼头
别样的情怀

　　南来北往的食客之中，提起湘菜，最令人垂涎的恐怕还是那鲜嫩多汁、香辣诱人的剁椒鱼头。然而，长沙的美食一方面恪守传统，另一方面又追求创新。在2002年，风靡一时的剁椒鱼头就遇上了强劲的对手，那就是位于长沙南二环线的菩提树推出的黄金鱼头。食客们恍然间回过神来，原来鱼头还可以这么吃！于是男男女女、老老少少齐刷刷地开着车拥向南二环，去吃一份美味的黄金鱼头。而如今，除了剁椒鱼头、黄金鱼头和酱椒鱼头，鱼头界的新晋翘楚则是人人吃了都忍不住竖起大拇指的青椒炒鱼头。

　　大约在2010年年初，流连于长沙街头大小饭馆的人们肯定不会忘记那一盘香辣爽口的青椒炒鱼头。这几年，这种新的吃鱼头的方式在长沙愈发流行起来：就是像平常吃辣椒炒肉一样，将鳙鱼（胖头鱼）头用辣椒炒着吃。先将鱼头烤得酥酥脆脆的，再与青椒一同翻炒，让辣椒的香辣味完全渗入鱼头肉里，再将鱼头和青椒一同焖入砂锅之中，只听那锅里"吱吱"作响，热气腾腾。而那腾腾热气也带着长沙街头各大饭馆的人气一并旺了起来。

我从小爱吃鱼,早已是长沙各大饭馆吃鱼头的资深食客,提起青椒炒鱼头来,我首推的是含光路上的这家姥爷鱼头。

人们常常会想,怎样的饭菜才能吃得既惬意又舒心呢?结束了一天的奔波忙碌之后,许多人会觉得一道私房菜是最贴心的。姥爷鱼头的环境清幽,黑瓦白墙,木质的桌椅,古朴的装饰,让人们恍惚间觉得已远离城市的喧嚣。这家一直吸引着八方食客,最让食客念念不忘的就是这里的青椒炒鱼头。这也是来他家不得不点的一道菜肴。

说起来,青椒炒鱼头其实是两湖地区的一道家常菜,可谓妇孺皆知、老少咸宜。这道菜采用的是中国传统烹饪技巧之中的"烹"。青椒炒鱼头的原料很简单,主要是鱼头和青椒,然而,这一道最简单的家常菜却最考验厨师的厨艺。姥爷鱼头家做这道青椒炒鱼头时,选用的鱼年龄不会超过半年,个头不大不小,这种口阔脑健的鳙鱼味道最是鲜美。将新鲜的鳙鱼宰杀并洗净,切下鱼头,在鱼脑部中央将其一劈为二,除去内黑膜,每片再斩为八片,加入鱼露、精盐、葱花、姜丝和秘制酱料腌制一个小时左右,放入热油中炸至挺身捞出,等油温降至六成热时,再炸一遍,直至鱼头金黄才捞出。加入葱花和姜丝,在油中爆炒出香味,再放入斩碎的美人椒烹炒,撒少许盐

和花椒，再淋上少许明油，就可以起锅装盘了。这道菜口感之所以鲜美，关键还在于必须活鱼活烹，这样一来，鱼头才能更入味。此外，美人椒也是这道菜肴的一种重要食材，皮薄多汁，鲜嫩翠绿，不仅可口，还将这道菜点缀得活色生香。

此时的青椒炒鱼头，金黄中点缀着碧绿，热气腾腾，还隐约能听见噼噼啪啪的脆响。美人椒新鲜爽嫩，胖头鱼鲜香浓郁，<u>丝丝缕缕</u>的香味交织在一起，这种美妙的微辣香味不断地挑逗着食客的味蕾。夹起一片鱼头送入口中，鱼肉鲜咸爽口，鱼骨酥脆清辣，格外提神醒脑，让人唇齿留香，舍不得放下筷子。

现在，这道青椒炒鱼头已成了我每次来姥爷鱼头的必点菜。有时候我也分不清，究竟是想念姥爷鱼头而来吃鱼头，还是想念鱼头而来姥爷鱼头觅食。无论如何，作为一个嗜辣又对食材有较高要求的吃货，能与姥爷鱼头的青椒炒鱼头邂逅，于我而言都是美事一桩。

> 德园包子铺
>
> 地址　岳麓区天顶街道永安小区5栋1号
>
> 电话　13548973881

德园包子
长沙街头的老味道

提起包子，长沙人必然会提及"德园"。最初，德园还只是一家小小的包子铺，如今，德园包子铺在长沙街头随处可见。

光绪元年（1875年），谭盛德夫妇从湘潭来到长沙，在八角亭附近的皇后街租下了一间小小的店铺，准备做小吃。正当谭盛德在为店铺的名字发愁时，他结识了一位衙门里的师爷，师爷说他的名字里有一个"德"字，《左传》里说"有德则乐，乐则能久"，于是这家小铺子就被称为"德园"了。最初，夫妻二人以卖米粑粑、发糕、葱油粑粑、白糖饺为生，后来他们将乡野间的盐菜带来长沙，做成盐菜糖包子卖。德园的包子皮松软而洁白，掰开来，里面的馅咸香爽口，名声一下子就打响了。很快，夫妻二人又盘下了隔壁的一间铺子，取名为"德园包子馆"，推出了许多特色包点，诸如时至今日仍颇有人气的玫瑰白糖包、叉烧包、冬菇鲜肉包、白糖盐菜包、金钩鲜肉包、水晶白糖包、麻茸包、跳柱鲜肉包等，也就是驰名于长沙的"八大名包"。老长沙的街头一度流传着一首民谣，"出笼热喷喷，白色皮暄松，玫瑰甜香美，香菇爽鲜嫩"，说的正是德园的包子。

前几年，我在天心区住过一段时间。下楼，沿着马路向东走，在路口一拐,就来到了劳动西路那家老德园。有时到了饭点,又不想煮饭,就溜达着过去,各色口味的包子来上几个,荤素搭配,大快朵颐一番。赶上铺子排队的人不多时,我还喜欢与德园的师傅闲聊几句,久而久之,了解到这小小的包子却有着大大的来头。据说,德园光是面点师傅就有二十余位,而且每一位都有明确分工。堂案为首的称为"神目"师傅,下面又依次分为大帮案、二帮案、三帮案,并设有专门制作馅儿的肉案和杂工。除此之外,还按照品种分为专做包子的白案,专做小点心的高案,以及专做特殊工艺的面点的高装案……德园的这些技艺代代相传,都是保密的,每一项技术都由师傅带着徒弟传授,其中只有神目师傅等少数几人掌握全盘技艺。因此,即使师傅离开德园,也只会自己的那一门手艺,无法自立门户。

前几天外出办事,等一切办妥已是华灯初上,饥肠辘辘。沿途正巧路过岳麓区那家德园包子铺,赶紧上去买了两个大包子果腹。在德园琳琅满目的各色包点中,白糖盐菜包和冬菇鲜肉包最是合我口味。捧着热腾腾的包子,轻轻咬开一口,那冬菇鲜肉包皮薄馅足,还有一点点汤汁,油而不腻,肥美鲜香,还带着一点点冬菇的清新香味。而白糖盐菜包又是另一番滋味,白糖已完全融化,甜津津的味道完全渗透进了脆嫩可口的盐菜之中。馋得我两三口将包子囫囵吞下,不禁在心中感叹,这世间恐怕再难寻觅如此甜蜜的包点!

老长沙炸炸炸

地址　岳麓区麓山南路悦购广场负一楼

电话　1378618850

岳麓区 街头巷尾的味蕾盛宴

老长沙炸炸炸
走过路过不可错过

　　长沙人都有着一颗寻觅美食的心,无论是苍蝇小馆,还是五星级饭店,只要那里的美食足够美味,长沙人就不会拒绝。我想,在每个长沙人的记忆深处,都有一家沿街叫卖的小铺子或小推车。支起的一口小锅里,热油滚滚,里面一串串金黄焦脆的炸串让人垂涎欲滴。在长沙街头,人们称这种酥脆香辣的炸串为"炸炸炸"。

　　最初,"炸炸炸"并不是长沙街头的小吃,而是老百姓将剩菜重新烹饪的一个小妙招。每年春节,长沙家家户户都会准备上各色荤菜和素菜,在除夕夜里吃上一顿热热闹闹的团圆饭。然而,有时候因为准备的食材太过丰盛,经常眼看着都要到元宵节了,除夕时准备的食材还没有吃完。于是,人们就会备一口油锅,将芋头、藕片、茄子等各色蔬菜在淀粉调成的糊里打上一个滚儿,再放入油锅里炸,多余的荤菜也会放入油锅中。一来,各色食材在油锅里经过高温消毒,吃起来更放心;二来,无论是荤菜还是蔬菜,经过油锅烹炸以后,都很香脆可口,更符合长沙人的口味。后来,即使是寻常的日子里，也会有人推着小板车，架起一口油锅，将各种菜品穿起来，放在油锅里煎炸，沿街叫卖。由此，"炸炸炸"成了长沙街头的一道风景。

早在读小学时，我就深深迷上了这种沿街叫卖的"炸炸炸"。每日放学，早已饥肠辘辘的我总是会掏出兜里剩下的零钱，买上两三串"炸炸炸"，抚慰一下我的味蕾。那时候，"炸炸炸"很便宜，荤的五毛钱，素的两毛钱，一块钱就可以饱餐一顿。点上一串豆腐、一串藕片、一串鹌鹑蛋。各色串串被放入滚烫的油锅里，不一会儿都被炸成了焦黄色。老板麻利地起锅，将串串放入盛着辣椒酱的不锈钢盆里，用刷子蘸着辣椒酱，均匀地刷上一层，再撒上一把葱花。从老板手中接过那三五串酥脆焦黄的"炸炸炸"，不顾热腾腾的炸串还有些烫嘴皮子，迫不及待地咬一口：藕片外酥里脆；脆脆的豆腐串里渗入了汤汁，有时候辣得人直流眼泪，却又格外过瘾；鹌鹑蛋已经炸得起了虎皮，外面焦脆可口，里面软糯鲜嫩……和小伙伴一边闲聊一边吃着"炸炸炸"，连回家的那条路似乎也变短了。

长大后，沿街叫卖"炸炸炸"的小推车鲜少看见了，但却多了许多当街的小铺子。从小铺子门前经过，若是闻到一股熟悉的油香味，那就肯定是卖"炸炸炸"的小铺了。长沙街头林林总总的炸串小铺风味各有不同，这次我去的是位于麓山南路的"老长沙炸炸炸"。这个小铺子位于悦购广场的负一楼，从左侧楼梯下楼，一拐就看见了。这家位于商场内部的"炸炸炸"小铺干净整洁，店面不大，只摆着两张桌子。不过店面旁边就是商场供游客休

息的石凳子，可以在店里买了炸串，坐在一旁慢慢吃。

我来到"老长沙炸炸炸"时，门口正排着一条小长龙。但老板娘动作麻利，不到十分钟，就轮到我了。店里各色荤素炸串一应俱全，我点了鱿鱼须、鸡胗、金针菇和香菜。刚从油锅里捞出来的炸串黄灿灿的，上面均匀地刷着一层辣椒酱，红彤彤地点缀着炸串。我咬了一口鱿鱼须，柔韧而有嚼劲，香辣味的辣椒酱不算辣，但胜在香味浓郁，也算是迎合了南北口味。

一边吃着酥脆香辣的"炸炸炸"，一边优哉游哉地漫步在长沙街头。置身于车水马龙，而舌尖上那熟悉的味道却仿佛将我拉回了很久以前的学生时代。原来，味蕾的记忆是如此的忠诚，很多时候，你并非因为时间久远而忘了某一种美味，而是需要一个适当的时机用美味将舌头唤醒。

霸王鸭（王府井店）

地址　岳麓区西湖街道裕民巷小区4栋1楼1号

电话　18821867856

霸王鸭
刚猛的卤水传奇

在长沙众多原汁原味的乡土菜肴中，一道霸王鸭以其浓烈的香味和霸道的辣味在美食圈脱颖而出，成了卤水菜肴之中的翘楚。无论去长沙哪家土菜馆，总少不了这一道生津开胃、香辣过瘾的卤菜。

据说，霸王鸭的起源还与虞姬的香囊有关。传说，当年项羽在洞庭湖陷入鏖战，湖里的野鸭肥硕而鲜美，让项羽垂涎。于是，虞姬就亲自下厨，为项羽烹制佳肴。然而，娇滴滴的美人实在受不了厨房里满屋子的热辣冲天，跑出厨房时，挂在裙裾上的香囊掉进了锅里。顿时，厨房里芳香扑鼻，香囊中各种中草药与香料的异香与湖中鸭子的鲜香完美地融合在一起，霸王鸭由此诞生。

在长沙，如果你想尝一尝这道刚猛而入味的卤味，就一定不要错过西湖街道上的霸王鸭这家店。一日，我和朋友一起来到了这家饭馆，我们点了他家的招牌霸王鸭。

不过片刻，一道热气腾腾的霸王鸭就上桌了。这道霸王鸭一眼望去一片诱人的酱红色，"支离破碎"的鸭架子正散发着浓郁的香味。咬一块，鸭肉紧实而滑嫩，并不是人工饲养的鸭子，而是取材于乡野之间的野鸭，辛辣的味道也随之缓缓溢出。再细细咀嚼，当归、甘草、陈皮、茴香、花椒、老姜的味道一一呈现，麻辣之中又透出些许清凉与涩香。

细细咂舌，我不得不承认，他家的霸王鸭确实与别家不同，怪不得卖得如此红火。那霸王鸭之中的卤水的味道是缓缓漫过舌尖，再一点点渗入味蕾的。最初是淡淡的微辣，过后是一阵阵酥麻，最后辣味愈发刚猛，却仍旧是那么醇厚而浓郁。所谓"辛而不烈"恐怕是对他家这道霸王鸭最恰当的描述。与长沙街头那些辣得嘴皮子红彤彤而五脏六腑又直冒烟的"辣"大不相同。

一边细细品味着霸王鸭，一边吹着来自岳麓山的凉风，看着满眼的绿意，一颗在水泥森林里麻木已久的心也被这触动味蕾的美食彻底唤醒了。我不由得想要感谢这天赐的美食，正是这浓烈的美味让时间的流逝也变得如此生动。

湘工坊

地址　岳麓区枫林三路1099号步步高梅溪新天地G层

电话　0731-88354928

过桥豆腐

"小桥映月"最迷人

说起菜肴的意境，恐怕湘菜当中再没有一道菜肴能比得上过桥豆腐那般独具韵味了。这道菜品卖相美观，在一个浅浅的碟子中，豆腐如同铺在潺潺河水中的白色小石子，旁边分别有一枚蛋黄，如同皓月当空，映着小河。豆腐洁白如玉，蛋黄金光灿灿，上面还零星点缀着翠绿的葱花和红彤彤的辣椒碎，红绿白黄，四色相互烘托，看起来清新雅致，美不胜收。

过桥豆腐堪称是鸡蛋与豆腐的完美结合，不仅烹饪的步骤很简单，而且味道细腻可口。豆腐一般用的就是最嫩、最滑的内酯豆腐，在极短的时间内将蛋液与豆腐、肉末一同蒸煮，蒸的火候要把握好，刚刚熟时最是美味。这时，用小勺子舀上一勺，送入口中，无论是豆腐还是鸡蛋，都格外鲜甜爽滑，用来下饭或是空口吃，都是绝佳的风味。

如此雅致的一道菜，在它的背后还有这样一个小故事。768年，杜甫穷困潦倒，携家眷漂泊于湘鄂一带，后流寓长沙。当时，杜甫已重病在身，却偶然间巧遇了老友李龟年。李龟年眼见着这位昔日的大文豪如此落魄，心知他时日不多，就请他在家中暂住，并让家中厨师为他烹制美食。但任凭李家厨师挖空了心思做出各式美食，杜甫都没有什么胃口。

一日夜晚，李家厨师凭窗而立，正在发愁，偶然间抬头，正见一轮皓月当空，映在庭院当中，影影绰绰，煞是好看。于是，厨师灵感涌动，用豆腐和鸡蛋烹制出了这道色香味俱佳的美食。一碟口味清新、嫩滑细腻的过桥豆腐端到杜甫榻前，多日食不知味的杜甫也被勾起了食欲，吃过以后赞不绝口。770年，杜甫客死湘江，而这道过桥豆腐则成了一代文豪生前久久回味的一道佳肴。

朋友跟我推荐，在岳麓区吃过桥豆腐，首选位于枫林三路的湘工坊。他家的过桥豆腐细腻顺滑，软若无骨，吃了让人忘不了！

浅浅的碟子里，一片挨着一片的水豆腐浸泡在明亮亮的汤汁里，一边一颗蛋黄，旁边簇拥着软糯的肉糜，上面点缀着翠绿欲滴的葱花和红艳艳的辣椒碎，很是好看。

吃过桥豆腐不能着急，因为豆腐和蛋黄都是清淡而细腻的食材，需要在嘴中慢慢品味。软软嫩嫩的水豆腐很是顺滑，夹裹着清淡的荤香味，在舌尖、唇齿间四处乱窜，如同一个淘气的顽童。让它自然而然地从舌尖滑入喉咙，再轻轻滑入肚中，一气呵成，清爽无比。

走出湘工坊，走入长沙霓虹斑斓的夜色之中，我仍在心中感叹，这过桥豆腐真是令人回味无穷。也正是因为如此，这道家常而质朴的菜肴才在数百年的时光中一直占据着湘菜名肴的一席之位。

寻味长沙

大米先生（奥克斯广场店）

地址　岳麓区岳麓大道57号奥克斯广场B1

电话　0731-84321449

萝卜干炒腊肉

岁月里的家常味道

　　腊味是长沙人饭桌上必不可少的一道美味，无论是家禽、走兽，还是水中的鱼儿，长沙人都会将其熏制成腊味，但在各色腊味之中，最受长沙人青睐的当数腊肉。经过数月烟熏火燎的腊肉色泽红亮，吃起来肥而不腻，异常鲜美。

　　长沙的战国墓中，相继出土了猪、牛、羊、鸡的遗骸，还出土了今日称之为腊肉的肉脯，可见，腊肉已成为当时的人们经常食用的一种菜肴。时至今日，经烟熏火燎的腊肉已成了湖南饮食风俗中的一大特色。

　　著名作家梁实秋还是个地地道道的美食家，他曾说过，川粤地区的腊肉虽好，却总是比湖南腊肉少了几分烟火气息。据说，清朝光绪二十六年（1900年），慈禧太后携光绪皇帝前往西安避难，陕南地区的地方官吏曾向其进贡湖南腊肉，作为御用。慈禧太后吃过后，赞不绝口。

　　每逢年关将近，如果去长沙近郊的农户家中做客，推开厨房，一股烟熏火燎的气息定会扑面而来，虽然有点呛人，却是最真切的人间烟火。入冬以后在家中用柴火熏制腊肉,几乎是湖南传统人家冬日里必不可少的一项活动。每逢冬腊月,也就是"小雪"至"立春"前,家家户户都会杀猪宰羊,除了留下足够过年食用的鲜肉,还会用食盐、八角、桂皮、花椒、茴香、丁香等腌制一些鲜猪肉,放入缸子中。半个月左右后,开启缸子,用棕叶绳索将腌过的猪肉穿挂起来,沥干水。选用甘蔗皮、柏树枝、椿树皮或柴草火慢慢熏烤,接着,或挂于烧柴火的灶头顶上,或吊于烧柴火的烤火炉上方,靠着烟火将肉慢慢熏干。

长沙近郊林茂草丰,几乎家家户户都烧柴火来取暖或做饭,也为熏制腊肉提供了有利条件。长沙城里人即使自家不烧柴火,也会托乡下的亲友帮忙熏上几块。

到了冬天,长沙街头的饭馆里都少不了腊肉,只是配菜各不相同,风味也各有特色。在大米先生家吃到腊肉是与萝卜干一同炝炒而成的,佐以切成小段的干辣椒和蒜末。浅浅的白色盘子里,被切成薄薄的片的腊肉,色泽鲜润红亮。我先夹起一块萝卜干,细细咀嚼,清脆爽口,咸香适宜,应该是今年冬日里新鲜晒干的,没有半点陈味。再夹起一块腊肉,猪皮、肥肉和瘦肉三层界限分明:薄薄的一层猪皮柔韧爽口,很有嚼劲;肥肉约莫一指宽,在灯光下几近透明,吃在嘴中,软糯鲜香,肥而不腻;瘦肉散发着醇厚的烟熏味,瘦而不木,一点儿也不塞牙。

作为一个吃着腊肉长大的长沙人,每年冬日里,似乎必须要吃上几块咸香的腊肉,方才觉得这一年过得圆满。

三味楼（岳麓店）

地址 岳麓区桐梓坡西路麓景路36号沐春园113号

电话 0731-84222166

三合汤
血性里的万丈豪情

三合汤是长沙颇具苗疆风味的一道特色小吃，是将鲜嫩的牛肉和牛肚洗净之后切成薄片，再与切成细条形的牛血一起下入锅中，用文火煮熟，再佐以香菜、葱花和山胡椒油，色泽鲜亮红润，集鲜、香、麻、辣于一身。

相传，一天，一位道骨仙风的老翁云游至衡阳山寨，恰逢当地的苗民宰杀老牛，围观者人数众多，围得里三层外三层的。当时正值夏日晌午，太阳高照，烈日炎炎之下，只见围观人群中的一位苗民口吐白沫，倒在地上，众人惊慌失措，却又无计可施。只见这老翁走上前去，让宰牛的苗民取了一碗牛血，外加毛牛肚和牛肉各一片，佐以三五个红辣椒，扔入锅中，一同煮沸。昏厥的苗民饮下这碗热辣辣的汤汁，当即出汗转醒，觉得神清气爽。众人欲寻老翁仙踪之际，那老翁早已驾着一团祥云，消失在了苍茫的衡阳山峦之中。

虽然传说不足为信，但据中医说，三合汤确实有活络通经、祛寒祛湿之功效。据史书记载，清朝末年，大清重臣曾国藩在其故乡湖南组建了"湘军"。当时，湘军兵团常年在山间、野地或湖泊附近生活，越来越多的人患上了风湿病，士气也逐渐低落。于是，曾国藩花重金聘请名厨，精心烹饪了一种"三合汤"作为士兵佐膳的菜品，以缓解手下士兵的病痛。连续喝了一段时间三合汤，湘军将士们的风湿之痛果然有所缓解，曾国藩心下大悦，特意为这味汤汁赐名为"霸王汤"。从此，三合汤就在湖湘民间流传开来。

虽然我在长沙生活了二十多年，但第一次喝三合汤却是前不久。那是一个雪后初霁的黄昏，我和朋友一同来到了三味楼。这家店已经开了有些年头，散发着山胡椒油辛辣味的干锅牛百叶就是从这里开始，风靡了整个长沙城。

夏天，是长沙人吃鸭子的季节，食客们频频举筷，三味楼的炒血鸭也逐渐风靡。他家的血鸭鸭块剁得比较碎，佐以新发出的蒜粒，飘散着浓浓的蒜香，辣得清爽，辣得霸道。而如果冬天去三味楼，最适合的菜品莫过于够几个人喝的一大盆三合汤了。三味楼烹饪出的三合汤，一大碗下肚，喝得满头大汗，通窍开胃生津。

三味楼的三合汤选料也很考究，选用的是水牛牯的牛血、公黄牛牯的里脊肉，加之母水牛牯厚实有韧劲的牛百叶，再佐以长沙近郊的井水，四者缺一不可。三合汤的牛血一定要新鲜嫩滑，待其稍稍凝固后，切成寸把长、两指宽，约三厘米厚的细长条。三合汤上桌以后，从中舀出一块水牛血，虽经文火久煮，却不碎不烂，用筷子夹着尚可上下摇晃，富有弹性，放入嘴中，又软又脆。牛百叶被切成一厘米宽的细长条，熬煮后清脆爽口，微微发甜，饱含着热辣朝天的汤汁，越嚼越有味，香辣的汤汁顿时溢满口腔。鲜嫩的黄牛肉则是横着切的，捞起一小块牛肉在嘴中细细咀嚼，柔韧绵软，辣椒汁渗入了疏松柔软的牛肉之中，格外鲜美。

在三味楼喝三合汤，对食客的唯一要求就是口味要重，因为汤汁中有两味特殊的作料，其一是干红辣椒，其二是山胡椒油。吃辣本是长沙人的本色，但这尖尖的、小小的干红辣椒的辣味尤其出格，熬煮出来的三合汤红艳艳的一片。而山胡椒油则有一股特殊的香味，喜欢的人觉得通窍开胃，不喜欢的人则觉得有些刺鼻。三合汤从锅中盛出来以后，滴上三五滴山胡椒油，可以去除牛的腥味和膻味，让三合汤更加鲜美。

　　喝三合汤，往往一匙汤汁下肚，脑门就直冒汗，腹内像有一团熊熊燃烧的火到处乱窜，嘴巴也辣得合不拢，但稍作回味，就会觉得口舌生津、七窍畅通、神清气爽，于是又忍不住将汤匙伸出去。让食客食不知返、百吃不厌，就是三合汤的魅力所在。

昌隆餐馆

地址　岳麓区桐梓坡西路59号

电话　0731-88819943

湘宾春卷
一卷不成春

　　春卷,古时又被称为春盘或薄饼,是中国民间的一种传统小吃,在江南等地尤其兴盛。寻常百姓家除了自家食用春卷,还经常用来款待客人。这道传统小点心历史悠久,是从古时候的春饼逐渐演化而来的。陈元靓在《岁时广记》中有记载:"在春日,食春饼,生菜,号春盘。"清代的《燕京岁时记》中也有相关记载:"打春,是日富家多食春饼。"可见,在万物复苏的春天做春饼、食春饼早已成了民间传统,由来已久。春卷之中"春"的意思自然也是取自春天,有着迎春的喜庆吉兆。宋朝年间,蔡襄吃过春卷后,还写下了"春盘食菜思三九"的诗句,以此来称赞春卷的美味。

　　长沙当地的春卷也极富地方特色,名为湘宾春卷,距今已有上千年的历史。湘宾春卷外皮香酥可口,内馅鲜嫩多汁,食客还可以根据自己的口味搭配里面的馅料。

　　传说,北宋年间,长沙有个书生,寒窗苦读十余载,几番赴京赶考,都未能高中。他虽然年过三十,拖家带口,但还是日夜埋头苦读,有时甚至到了废寝忘食的地步。他的妻子看在眼中，很是心疼。为了不让丈夫因为一日三餐而浪费读书的时间，她将面粉和成面团，擀成薄薄的一片，放入油锅中，用茶油以小火煎成一张张薄薄的饼。冬日里，她担心面饼凉了影响口感，就将煮好的蔬菜切成丝，放入饼里，将面饼卷成卷，放入七八成热的油锅之中，煎至金黄焦酥，再亲手端到丈夫书桌前。这样一来，这位刻苦的书生就能一边吃饭，一边用功读书了。在妻子的用心照顾下，书生足不出户，一心苦读，学问也大有长进。

来年春季，书生一举高中，一时之间在长沙城内传为佳话。从此以后，长沙城内的学子都喜欢用面饼卷上各色应季的时蔬，作为晚上熬夜苦读时的夜食。久而久之，这种卷着各色时蔬的面饼有了一个动听的名字，即湘宾春卷。

一个周末，我与好友在桐梓坡西路闲逛。傍晚时分，饥肠辘辘，正好遇见这家昌隆餐馆，于是进去觅食。翻翻菜单，竟惊喜地发现这家店居然有湘宾春卷，赶紧点来尝尝鲜。

这家店的后厨与大厅仅隔着一扇玻璃，可以清楚地看到大厨在烹饪美食。我这才知道，这家店的湘宾春卷是现点现做的。热腾腾的湘宾春卷是何等美味啊，我不觉暗自窃喜，自己有口福了。只见那大厨先在盆内用清水将面粉搅拌均匀，反复搓揉，最终水乳交融，成为一团水面团。用小火将平锅烧热，右手抓起面团不断甩动，在平底锅中轻轻放下，烙成一张薄薄的圆面饼，左手快速翻面。烙得微微发黄时迅速取出，右手又继续甩动水面团，接着烙下一张饼。面饼烙好之后，整齐地码放在敞口的盘子里，盖上一块湿布。这样一来，就能保持湘宾春卷软嫩顺滑的口感，而不至于太干。

这家店选用的馅料也是最传统的搭配：肥瘦相间的猪肉丝、荠菜和韭

黄。包春卷时，只见那大厨手脚利索，逐一将面皮揭开，平铺在案板上，每张放入适量的馅料，两端轻轻一折，卷成一个小巧精致的扁筒形，再用手蘸取一点稀面糊封口。再逐个将春卷投入五六分热的油锅中，轻微氽炸，一个个微黄色的湘宾春卷就做好了。

刚出锅的湘宾春卷端上桌来，香油浓郁的油香味裹挟着春卷淡淡的清香直往鼻子里钻。夹起一个春卷，将春卷一角轻轻咬下，香酥爽口，焦香适宜，让人食欲大开。再咬一口，吃到了春卷的内馅，猪肉肥而不腻，韭黄鲜嫩清爽，荠菜带着一股来自大自然的清香，荤与素巧妙地融合在一起，一同簇拥在春卷面饼那一片小小的天地之中。

吃着香酥清爽的湘宾春卷，心中暗自忖度，长沙人的饮食果真别有一番诗情画意。

本图书由北京出版集团有限责任公司依据与京版梅尔杜蒙（北京）文化传媒有限公司协议授权出版。

This book is published by Beijing Publishing Group Co. Ltd. (BPG) under the arrangement with BPG MAIRDUMONT Media Ltd. (BPG MD).

京版梅尔杜蒙（北京）文化传媒有限公司是由中方出版单位北京出版集团有限责任公司与德方出版单位梅尔杜蒙国际控股有限公司共同设立的中外合资公司。公司致力于成为最好的旅游内容提供者，在中国市场开展了图书出版、数字信息服务和线下服务三大业务。

BPG MD is a joint venture established by Chinese publisher BPG and German publisher MAIRDUMONT GmbH & Co. KG. The company aims to be the best travel content provider in China and creates book publications, digital information and offline services for the Chinese market.

北京出版集团有限责任公司是北京市属最大的综合性出版机构，前身为1948年成立的北平大众书店。经过数十年的发展，北京出版集团现已发展成为拥有多家专业出版社、杂志社和十余家子公司的大型国有文化企业。
Beijing Publishing Group Co. Ltd. is the largest municipal publishing house in Beijing, established in 1948, formerly known as Beijing Public Bookstore. After decades of development, BPG now owns a number of book and magazine publishing houses and holds more than 10 subsidiaries of state-owned cultural enterprises.

德国梅尔杜蒙国际控股有限公司成立于1948年，致力于旅游信息服务业。这一家族式出版企业始终坚持关注新世界及文化的发现和探索。作为欧洲旅游信息服务的市场领导者，梅尔杜蒙公司提供丰富的旅游指南、地图、旅游门户网站、App应用程序以及其他相关旅游服务；拥有Marco Polo、DUMONT、Baedeker等诸多市场领先的旅游信息品牌。
MAIRDUMONT GmbH & Co. KG was founded in 1948 in Germany with the passion for travelling. Discovering the world and exploring new countries and cultures has since been the focus of the still family owned publishing group. As the market leader in Europe for travel information it offers a large portfolio of travel guides, maps, travel and mobility portals, Apps as well as other touristic services. Its market leading travel information brands include Marco Polo, DUMONT, and Baedeker.

DUMONT 是德国科隆梅尔杜蒙国际控股有限公司所有的注册商标。
DUMONT is the registered trademark of Mediengruppe DuMont Schauberg, Cologne, Germany.

杜蒙·阅途 是京版梅尔杜蒙（北京）文化传媒有限公司所有的注册商标。
杜蒙·阅途 is the registered trademark of BPG MAIRDUMONT Media Ltd. (Beijing).